EDIÇÕES BESTBOLSO

50 crônicas escolhidas

Rubem Braga (1913-1990), considerado por muitos o maior cronista brasileiro desde Machado de Assis, nasceu em Cachoeiro de Itapemirim, Espírito Santo, e começou a trabalhar em jornal ainda estudante, assinando uma crônica diária no *Diário da Tarde* de Belo Horizonte, para onde se transferira, depois de curto período no Rio de Janeiro. Seu primeiro livro, *O conde e o passarinho*, foi publicado em 1936, quando o autor tinha 22 anos. Como jornalista, Braga exerceu as funções de repórter, redator, editor e cronista em jornais e revistas do Rio de Janeiro, São Paulo, Belo Horizonte, Porto Alegre e Recife. Como escritor, Rubem Braga teve a característica singular de ser o único autor nacional de primeira linha a se tornar célebre exclusivamente por intermédio da crônica. Suas viagens se estenderam a vários países; foi correspondente de *O Globo* em Paris, em 1947, e do *Correio da Manhã* em 1950. Chefiou o Escritório Comercial do Brasil em Santiago, no Chile, em 1953, e em 1961 foi nomeado embaixador do Brasil em Marrocos.

Rubem **BRAGA**

50

crônicas escolhidas

Prefácio de
ANDRÉ SEFFRIN

3ª edição

EDIÇÕES
BestBolso
RIO DE JANEIRO – 2011

CIP-BRASIL. CATALOGAÇÃO-NA-FONTE
SINDICATO NACIONAL DOS EDITORES DE LIVROS, RJ

Braga, Rubem, 1913-1990
B792c 50 crônicas escolhidas / Rubem Braga; prefácio de
3ª ed. André Seffrin. – 3ª edição – Rio de Janeiro: BestBolso, 2011.

ISBN 978-85-7799-138-9

1. Crônica brasileira. I. Título.

CDD: 869.98
09-1534 CDU: 821.134.3(81)-8

50 crônicas escolhidas, de autoria de Rubem Braga.
Título número 117 das Edições BestBolso.
Terceira edição impressa em janeiro de 2011.
Texto revisado conforme o Acordo Ortográfico da Língua Portuguesa.

www.edicoesbestbolso.com.br

Design de capa: Carolina Vaz

Nota da editora: As 50 crônicas reunidas neste livro foram anteriormente publicadas em *200 crônicas escolhidas* (Rio de Janeiro, Editora Record, 1977, 2002), escolha feita pelo próprio autor com base na seleção original do amigo Fernando Sabino com os melhores textos produzidos por Rubem Braga entre 1935 e 1977. Para esta antologia, exclusiva da BestBolso, organizada pelo professor e escritor Mário Feijó, optamos por seguir certa cronologia relativa à biografia do narrador: temas como infância e adolescência estão no começo; depois amores de juventude; amizades, decepções e amores da maturidade por fim.

Rua Argentina 171 – 20921-380 Rio de Janeiro, RJ – Tel.: 2585-2000

Impresso no Brasil

ISBN 978-85-7799-138-9

Sumário

Prefácio à edição de bolso
O nosso cronista

Rubem Braga manteve fidelidade à crônica do final dos anos 1920 até 1990, ano de sua morte. Foi repórter policial, repórter de guerra na Itália, trabalhou para televisão, e sobretudo foi cronista diário, um poeta "espião da vida". E assim seu nome virou legenda. Tinha o gosto da poesia e chegou a compor bons sonetos. Mas sua conquista da poesia foi por outros caminhos. Teve origem na atividade jornalística, lá onde os fatos comuns eventualmente a revelam ou, na falta de bom minerador, sepultam-na para sempre. Como Drummond, Rubem mantinha certo temperamento retilíneo, de sóbrio minerador de palavras, a ruminar matéria de roça e cidade sob a teia de insuspeitados sentidos e sonoridades. O jornal servia apenas de veículo: as palavras do cronista desenham a paisagem, e nela encontramos todos os inventos terrestres e humores humanos. A vida que se vive em casa ou nas ruas, aquela que nenhum repórter noticia, retratos do dia a dia bem melhores do que supõe nossa bonomia ("Os jornais"). E sua profissão de fé na literatura ("A minha glória literária") é peça perfeita e exemplar, humor tingido de graça e ironia, modelo narrativo tipicamente braguiano à espera de estudioso a sua altura.

Consta que Rubem publicou aproximadamente 15 mil crônicas. E acredito que é dele a notícia de que nunca escreveu nada que não fosse para ver publicado no dia seguinte, em jornal ou revista. Estas *50 crônicas escolhidas* são, portanto, um convite a este vasto mundo, tão nosso e ainda tão pouco estudado e lido na medida de sua importância – a literatura, como tantas coisas mais, é tecida de pequenas injustiças, negligências, esquecimentos, fraudes. Rubem, que conhecia as areias do mundo e pressentia o circuito dos ventos antes mesmo de apontarem no horizonte, não costumava dar maior atenção às supostas glórias literárias. Nem por isso deixou certa vez de provocar Otto Maria Carpeaux, que o teria expulsado da literatura brasileira, ou melhor, nem o teria deixado entrar. Não há de fato qualquer referência à obra de Rubem em matérias ou livros publicados pelo crítico sobre literatura brasileira.

AQUI, TEMOS 50 crônicas escolhidas como suma das ideias políticas e poéticas do autor e igualmente como livro de memórias, em que preponderam as memórias da meninice, na estrada real dos clássicos do gênero – o Graciliano Ramos de *Infância*, o Thiers Martins Moreira de *O menino e o palacete*, o Augusto Meyer de *Segredos da infância*, o Pedro Nava de *Balão cativo*, o Alberto da Costa e Silva de *Espelho do príncipe*. De acordo com Davi Arrigucci Jr., podemos novamente afirmar que Rubem escreve naquela zona magnética que Manuel Bandeira evoca em *Itinerário de Pasárgada*, identificada ali como "o segredo da poesia". A infância em Rubem é árvore cheia de pássaros e de emoções inesgotáveis, transplantada para o deserto cotidiano do homem maduro. Essas emoções particulares identificam-se a outra emoção, de natureza artística. Porque Rubem sabe que "ardente da mais pura paixão de beleza é a adoração da infância".

E os mais sofisticados modos de narrar emolduram, página a página, outras infinitas buscas da humana lida: histórias de amor perdido ("A mulher e seu passado", "Os amantes", "A primeira mulher do Nunes", "Lembrança de um braço direito", "Uma certa americana", "Às duas horas da tarde de domingo"), retalhos do cotidiano caseiro ou instantâneos de rua ("O compadre pobre", "Negócio de menino", "Conversa de compra de passarinho", "O afogado", "O jovem casal", "A Deus e ao Diabo também"), protestos de cidadão comum que beiram o sarcasmo ("Lembranças", "O telefone") ou a melancolia ("Os jornais", "Os pobres homens ricos"), pequenos poemas em prosa fora dos "esquemas da vida civil" ("Quarto de moça", "Um sonho de simplicidade") e memórias de um "homem de certa idade" ("A companhia dos amigos", "Aventura em Casablanca", "Uma certa americana", "Apareceu um canário"). Aqui e ali, impulsos genesíacos ou apocalípticos em agudos ajustes bíblicos ("Nascem varões", "Ai de ti, Copacabana!").

Um conjunto vário alternado com ternos passeios à infância ("Os Teixeiras moravam em frente", "As Teixeiras e o futebol", "A vingança de uma Teixeira", "Passeio à infância", "Os embrulhos do Rio", "Histórias de Zig", "Os trovões de antigamente"), infância feliz, repleta de aventuras ao doce embalo dos "sons de antigamente": ranger e baque de porteira de fazenda, tropel de cavalos, batida suave de velho relógio de parede. Objetos comuns iluminados por um lirismo de primeira água, intensos e sucessivos assomos de misteriosa música que se adere à matéria comum, porque Rubem pensa e escreve sempre ao rés do chão. Uma prova de que a poesia está em tudo – num guarda-chuva, engenho humano com algo de ridículo e de fúnebre, ou em embrulhos que vinham do Rio, cujo mistério não estava no presente que cada um recebia, mas no número de malas e na surpresa do que delas surgia ao olhar maravilhado do menino.

Talvez não existam na literatura de Rubem as melhores crônicas, mas as necessárias, aquelas que melhor exprimem seu temperamento de homem e de artista. Embora nenhuma outra seja dispensável para um perfil mais exato, por mais instáveis que sejam os perfis exatos. Sua obra sem dúvida permite, em antologias, os mais variados recortes, sejam eles temáticos, estilísticos ou cronológicos. *50 crônicas escolhidas* extraídas de uma antologia realizada pelo próprio, as famosas *200 crônicas escolhidas*. Poderiam ser 100, 200 ou 500, e sempre teríamos de Rubem antologias modelares, e sempre não se cansaria o leitor de percorrê-las, para crescer como ser humano, para saber mais sobre a nossa gente, para saber mais sobre o Brasil, com nosso jeito e nosso gosto – uma identificação de alma, diria o cronista.

Mais do que tudo, porém, este volume apresenta 50 crônicas fortes o suficiente para confirmar Rubem Braga entre os mais importantes prosadores da língua portuguesa. Naquele grupo em que se concentram Raul Pompéia, Machado de Assis, Clarice Lispector ou Guimarães Rosa, na pureza essencial das obras plenamente realizadas.

André Seffrin
crítico literário, ensaísta e escritor
Rio, fevereiro de 2009.

1
Coisas antigas

Já tive muitas capas e infinitos guarda-chuvas, mas acabei me cansando de tê-los e perdê-los; há anos vivo sem nenhum desses abrigos, e também, como toda gente, sem chapéu. Tenho apanhado muita chuva, dado muita corrida, me plantado debaixo de muita marquise, mas resistido. Como geralmente chove à tarde, mais de uma vez me coloquei sob a proteção espiritual dos irmãos Marinho, e fiz de *O Globo* meu *paraguas* de emergência.

Ontem, porém, choveu demais, e eu precisava ir a três pontos diferentes de meu bairro. Quando o moço de recados veio apanhar a crônica para o jornal, pedi-lhe que me comprasse um chapéu de chuva que não fosse vagabundo demais, mas também não muito caro. Ele me comprou um de pouco mais de 300 cruzeiros, objeto que me parece bem digno da pequena classe média, a que pertenço. (Uma vez tive um delírio de grandeza em Roma e adquiri a mais fina e soberba *umbrella* da Via Condotti; abandonou-me no primeiro bar em que entramos; não era coisa para mim.)

Depois de cumprir meus afazeres voltei para casa, pendurei o guarda-chuva a um canto e me pus a contemplá-lo. Senti então uma certa simpatia por ele; meu velho rancor contra os guarda-chuvas cedeu lugar a um estranho carinho e eu mesmo fiquei curioso de saber qual a origem desse carinho.

Pensando bem, ele talvez derive do fato, creio que já tenho notado por outras pessoas, de ser o guarda-chuva o objeto do mundo moderno mais infenso a mudanças. Sou apenas um quarentão, e praticamente nenhum objeto de minha infância existe mais em sua forma primitiva. De máquinas como telefone, automóvel, etc., nem é bom falar. Mil pequenos objetos de uso mudaram de forma, de cor, de material; em alguns casos, é verdade, para melhor; mas mudaram.

O guarda-chuva tem resistido. Suas irmãs, as sombrinhas, já se entregaram aos piores desregramentos futuristas e tanto abusaram que até caíram de moda. Ele permaneceu austero, negro, com seu cabo e suas invariáveis varetas. De junco fino ou pinho vulgar, de algodão ou de seda animal, pobre ou rico, ele se tem mantido digno.

Reparem que é um dos engenhos mais curiosos que o homem já inventou; tem ao mesmo tempo algo de ridículo e algo de fúnebre, essa pequena barraca ambulante.

Já na minha infância era um objeto de ares antiquados, que parecia vindo de épocas remotas, e uma de suas características era ser muito usado em enterros. Por outro lado, esse grande acompanhador de defuntos sempre teve, apesar de seu feitio grave, o costume leviano de se perder, de sumir, de mudar de dono. Ele na verdade só é fiel a seus amigos cem por cento, que com ele saem todo dia, faça chuva ou sol, apesar dos motejos alheios; a estes, respeita. O freguês vulgar e ocasional, este o irrita, e ele se aproveita da primeira distração para sumir.

Nada disso, entretanto, lhe tira o ar honrado. Ali está ele, meio aberto, ainda molhado, choroso; descansa com uma espécie de humildade ou paciência humana; se tivesse liberdade de movimentos não duvido que iria para cima do telhado quentar sol, como fazem os urubus.

Entrou calmamente pela era atômica, e olha com ironia a arquitetura e os móveis chamados funcionais: ele já era funcional muito antes de se usar esse adjetivo; e tanto que a fantasia, a inquietação e a ânsia de variedade do homem não conseguiram modificá-lo em coisa alguma.

Não sei há quantos anos existe a Casa Loubet, na Rua 7 de Setembro. Também não sei se seus guarda-chuvas são melhores ou piores que os outros; são bons; meu pai os comprava lá, sempre que vinha ao Rio, e herdei esse hábito.

Há um certo conforto íntimo em seguir um hábito paterno; uma certa segurança e uma certa doçura. Estou pensando agora se quando ficar um pouco mais velho não comprarei uma cadeira de balanço austríaca. É outra coisa antiga que tem resistido, embora muito discretamente. Os mobiliadores e decoradores modernos a ignoram; já se inventaram dela mil versões modificadas, mas ela ainda existe na sua graça e leveza original. É respeitável como um guarda-chuva, e intensamente familiar. A gente nova a despreza, como ao guarda-chuva. Paciência. Não sou mais gente nova; um guarda-chuva me convém para resguardo da cabeça encanecida, e talvez o embalo de uma cadeira de balanço dê uma cadência mais sossegada aos meus pensamentos, e uma velha doçura familiar aos meus sonhos de senhor só.

Novembro, 1957

2
Os Teixeiras moravam em frente

Para não dar o nome certo digamos assim: os Teixeiras moravam quase defronte lá de casa.

Não tínhamos nada contra eles: o velho, de bigodes brancos, era sério e cordial e às vezes até nos cumprimentava com deferência. O outro homem da casa tinha uma voz grossa e alta, mas nunca interferiu em nossa vida, e passava a maior parte do tempo em uma fazenda fora da cidade; além disso seu jeito de valentão nos agradava, porque ele torcia para o mesmo time que nós.

Mas havia as Teixeiras. Quantas eram, oito ou vinte, as irmãs Teixeiras? Sei que era uma casa térrea muito, muito longa, cheia de janelas que davam para a rua, e em cada janela havia sempre uma Teixeira espiando. Havia umas que eram boazinhas, mas em conjunto as irmãs Teixeiras eram nossas inimigas, acho que principalmente as mais velhas e mais magras.

As Teixeiras tinham um pecado fundamental: elas não compreendiam que em uma cidade estrangulada entre morros, nós, a infância, teríamos de andar muito para arranjar um campo de futebol; e, portanto, o nosso campo natural para chutar uma bola de borracha ou de meia era a rua mesmo.

Jogávamos descalços, a rua era calçada de pedras irregulares (só muitos anos depois vieram os paralelepípedos, e eu me lembro que os achei feios, com sua cor de granito, sem a doçura das pedras polidas entre as quais medrava o capim; e achei o nome também horroroso, insuportável, *paralelepípedos*, nome que o prefeito dizia com muita importância, parece que a grande glória de Cachoeiro e o progresso supremo da humanidade residiam nessa palavra imensa e antipática – paralelepípedos); mas, como eu ia dizendo, a gente dava tanta topada que todos tínhamos os pés escalavrados: as plantas dos pés eram de couro grosso, e as unhas eram curtas, grossas e tortas, principalmente do dedão e do vizinho dele. Até ainda me lembro de um pedaço do "campo" que era melhor, era do lado da extrema direita de quem jogava de baixo para cima, tinha uma pedra grande, lisa, e depois um meio metro só de terra com capim, lugar esplêndido para chutar em gol ou centrar.

Tenho horror de contar vantagem, muita gente acha que eu quero desmerecer o Rio de Janeiro contando coisas de Cachoeiro, isto é uma injustiça; a prova aqui está: eu reconheço que o Estádio do Maracanã é maior que o nosso campo, até mesmo o Pacaembu é bem maior. Só que nenhum dos dois pode ser tão emocionante, nem jamais foi disputado tão palmo a palmo ou pé a pé, topada a topada, canelada a canelada, às vezes tapa a tapa.

Não consigo me lembrar se a marcação naquele tempo era em diagonal ou por zona; em todo caso, a técnica do futebol era diferente, o jogo era ao mesmo tempo mais cavado e mais livre, por exemplo: não era preciso ter 11 jogadores de cada lado, podia ser qualquer número, e mesmo às vezes jogavam cinco contra seis, pois a gente punha dois menores para equilibrar um vaca-brava maior.

Eu disse que as partidas eram emocionantes; até hoje não compreendo como as Teixeiras jamais se entusiasmaram pelos nossos prélios. Isso foi um erro, e na semana que vem eu contarei por quê.

Abril, 1953

3
As Teixeiras e o futebol

Com os Andradas tínhamos feito uma espécie de pacto; a gente não jogava bola na rua defronte da casa deles, mas um pouco para cima, onde havia um muro que dava para o quintal da casa; em compensação, eles deixavam a gente pular o muro e apanhar a bola quando ela caía lá. Mas o muro não era bastante comprido, e assim o nosso campo abrangia, como eu ia dizendo, algumas janelas das Teixeiras. As quais, eu também já disse, não apreciavam o futebol.

Quando a gritaria na rua era maior, uma das Teixeiras costumava nos passar um pito da janela, mandando a gente embora. O jogo parava um instante, ficávamos quietos, de cara no chão – e logo que ela saía da janela a peleja continuava. Às vezes aquela ou outra Teixeira voltava a gritar conosco – começavam por nos chamar de "meninos desobedientes" e acabavam nos chamando de "moleques", o que nos ofendia muito ("Moleque é a senhora!" – gritou Chico uma vez), mas de modo algum nos impedia de finalizar a pugna.

Uma das Teixeiras era mais cordial, chamava um de nós pelo nome, dizia que éramos uns meninos inteligentes, filhos de gente boa, portanto poderíamos compreender que a bola poderia quebrar uma vidraça. "Não quebra não senhora! Não quebra não senhora!" – gritávamos com absoluta convicção, e tratávamos de tocar o jogo para a frente para não ouvir novas observações.

Um dia ela nos propôs jogar mais para baixo, então o Juquinha foi genial: "Não, senhora, lá nós não podemos porque tem a dona Constança doente", desculpa notável e prova de bom coração de nosso time.

"Então por que vocês não jogam mais para cima?" – propôs ela com certa astúcia, e falando um pouco baixo, como se temesse que os vizinhos de cima ouvissem. "Ah, não, lá o campo não presta!", argumento, aliás sincero, de ordem técnica, e portanto irrespondível.

"Eu vou falar com papai! Quando ele chegar vocês vão ver" – gritou certa vez uma das Teixeiras mais antipáticas. Pois naquele momento o coronel de bigodes brancos ia chegando, o jogo parou, ele perguntou à filha o que era, ela disse "esses meninos fazendo algazarra aí, é um inferno, qualquer hora quebram uma vidraça" – mas o velho ouviu calado e entrou calado, sem sequer nos olhar, nem dar qualquer importância ao fato. Sentimos que o velho, sim, era uma pessoa realmente importante e um homem direito e superior, e continuamos nossa partida.

As queixas que algumas Teixeiras faziam em nossa casa eram muito bem recebidas por mamãe, que lhes dava toda razão – "esses meninos estão mesmo impossíveis" – e uma ou duas vezes nos transmitiu essas queixas sem convicção. De outra feita, como a conversa lá em casa versasse sobre as Teixeiras, ouvimo-la dizer que fulana e sicrana (duas das irmãs) eram muito boazinhas, muito simpáticas, mas beltrana, coitada, era tão enjoada, tão antipática, "ainda ontem esteve aqui fazendo queixas de meus filhos".

Mamãe era a favor de nosso time; mamãe, no fundo, e papai também (hoje, que o time e eles dois morreram, esta súbita certeza, ao meditar no distante passado, tem um poder absurdo, inesperado de me comover, até sentir um ardor de lágrimas nos olhos) – eles sempre foram a favor de nosso time!

E nosso caso com as Teixeiras foi se agravando, como se verá.

Abril, 1953

4
A vingança de uma Teixeira

A troca da bola de meia para a bola de borracha foi uma importante evolução técnica do *association* em nossa rua. Nossa primeira bola de borracha era branca e pequena; um dia, entretanto, apareceu um menino com uma bola maior, de várias cores, belíssima; uma grande bola que seus pais haviam trazido do Rio de Janeiro. Um deslumbramento; dava até pena de chutar. Admiramo-la em silêncio; ela passou de mão em mão; jamais nenhum de nós tinha visto coisa tão linda.

Era natural que as Teixeiras não gostassem quando essa bola partiu uma vidraça. Nós todos sentimos que acontecera algo de terrível. Alguns meninos correram; outros ficaram a certa distância da janela, olhando, trêmulos, mas apesar de tudo dispostos a enfrentar a catástrofe. Apareceu logo uma das Teixeiras, e gritou várias descomposturas. Ficamos todos imóveis, calados, ouvindo, sucumbidos. Ela apanhou a bola e sumiu para dentro de casa. Voltou logo depois e, em nossa frente, executou o castigo terrível: com um grande canivete preto furou a bola, depois cortou-a em duas metades e jogou-a à rua. Nunca nenhum de nós teria podido imaginar um ato de maldade tão revoltante. Choramos de raiva; apareceram mais duas Teixeiras que davam gritos e ameaçavam descer para nos puxar as orelhas. Fugimos.

A reunião foi junto do cajueiro do morro. Nossa primeira ideia de vingança foi quebrar outras vidraças a pedradas. Alguém teve um plano mais engenhoso; dali mesmo, do alto do morro, podíamos quebrar as vidraças com atiradeiras, e assim ninguém nos veria.

– Mas elas vão logo dizer que fomos nós!

Alguém informou que as Teixeiras iam todas no dia seguinte para uma festa na fazenda, um casamento ou coisa que o valha. O plano de assalto à casa foi traçado por mim. A casa das Teixeiras dava os fundos para o rio e uma vez, em que passeava de canoa, pescando aqui e ali, eu entrara em seu quintal para roubar carambolas. Havia um cachorro, mas era nosso conhecido, fácil de enganar.

Falou-se muito tempo dos ladrões que tinham arrombado a porta da cozinha da casa das Teixeiras. Um cabo de polícia esteve lá, mas não chegou a nenhuma conclusão. Os ladrões tinham roubado um anel sem muito valor, mas de grande estimação, com monograma, e tinham feito uma desordem tremenda na casa; havia vestidos espalhados pelo chão, um tinteiro e uma caixa de pó de arroz entornados em um quarto, sobre uma cama. Falou-se que tinha desaparecido dinheiro, mas era mentira; lembro-me vagamente de uma faca de cozinha, um martelo, uma lata de goiabada; isso foi todo o nosso butim.

O anel foi enterrado em algum lugar no alto do morro; mas alguns dias depois caiu um temporal e houve forte enxurrada; jamais conseguimos encontrar o nosso tesouro secretíssimo, e rasgamos o mapa que havíamos desenhado.

Durante algum tempo as famílias da rua fecharam com mais cuidado as portas e janelas, alguns pais de família saltaram assustados da cama a qualquer ruído, com medo dos ladrões, mas eles não apareceram mais.

Nosso terrível segredo nos deu um grande sentimento de importância, mas nunca mais jogamos futebol diante da casa das Teixeiras. Deixamos de cumprimentar a que abrira a bola com o canivete; mesmo anos depois, já grandes, não lhe dávamos sequer bom-dia. Não sei se foi feliz na existência, e espero que não; se foi, é porque praga de menino não tem força nenhuma.

Abril, 1953

5
Passeio à infância

Primeiro vamos lá embaixo no córrego; pegaremos dois pequenos carás dourados. E como faz calor, veja, os lagostins saem da toca. Quer ir de batelão, na ilha, comer ingás? Ou vamos ficar bestando nessa areia onde o sol dourado atravessa a água rasa? Não catemos pedrinhas redondas para atiradeira, porque é urgente subir no morro; os sanhaços estão bicando os cajus maduros. É janeiro, grande mês de janeiro!

Podemos cortar folhas de pita, ir para o outro lado do morro e descer escorregando no capim até a beira do açude. Com dois paus de pita, faremos uma balsa, e, como o carnaval é no mês que vem, vamos apanhar tabatinga para fazer fôrmas de máscaras. Ou então vamos jogar bola-preta: do outro lado do jardim tem um pé de saboneteira.

Se quiser, vamos. Converta-se, bela mulher estranha, numa simples menina de pernas magras e vamos passear nessa infância de uma terra longe. É verdade que jamais comeu angu de fundo de panela?

Bem pouca coisa eu sei: mas tudo que sei lhe ensino. Estaremos debaixo da goiabeira; eu cortarei uma forquilha com o canivete. Mas não consigo imaginá-la assim; talvez se na praia ainda houver pitangueiras... Havia pitangueiras na praia? Tenho uma ideia vaga de pitangueiras junto à praia. Iremos catar conchas cor-de-rosa e búzios crespos, ou armar o alçapão junto do brejo para pegar papa-capim. Quer?

Agora devem ser três horas da tarde, as galinhas lá fora estão cacarejando de sono, você gosta de fruta-pão assada com manteiga? Eu lhe dou aipim ainda quente com melado. Talvez você fosse como aquela menina rica, de fora, que achou horrível nosso pobre doce de abóbora e coco.

Mas eu a levarei para a beira do ribeirão, na sombra fria do bambual; ali pescarei piaus. Há rolinhas. Ou então ir descendo o rio numa canoa bem devagar e de repente dar um galope na correnteza, passando rente às pedras, como se a canoa fosse um cavalo solto. Ou nadar mar afora até não poder mais e depois virar e ficar olhando as nuvens brancas. Bem pouca coisa eu sei; os outros meninos riram de mim porque cortei uma iba de assa-peixe. Lembro-me de que vi o ladrão morrer afogado com os soldados de canoa dando tiros, e havia uma mulher do outro lado do rio gritando.

Mas como eu poderia, mulher estranha, convertê-la em menina para subir comigo pela capoeira? Uma vez vi uma urutu junto de um tronco queimado; e me lembro de muitas meninas. Tinha uma que era para mim uma adoração. Ah, paixão da infância, paixão que não amarga. Assim eu queria gostar de você, mulher estranha que ora venho conhecer, homem maduro. Homem maduro, ido e vivido; mas quando a olhei, você estava distraída, meus olhos eram outra vez os encantados olhos daquele menino feio do segundo ano primário que quase não tinha coragem de olhar a menina um pouco mais alta da ponta direita do banco.

Adoração de infância. Ao menos você conhece um passarinho chamado saíra? É um passarinho miúdo: imagine uma saíra grande que de súbito aparecesse a um menino que só tivesse visto coleiros e curiós, ou pobres cambaxirras. Imagine um arco-íris visto na mais remota infância, sobre os morros e o rio. O menino da roça que pela primeira vez vê as algas do mar se balançando sob a onda clara, junto da pedra.

Ardente da mais pura paixão de beleza é a adoração da infância. Na minha adolescência você seria uma tortura. Quero levá-la para a meninice. Bem pouca coisa eu sei; uma vez na fazenda riram: ele não sabe nem passar um barbicacho! Mas o que sei lhe ensino; são pequenas coisas do mato e da água, são humildes coisas, e você é tão bela e estranha! Inutilmente tento convertê-la em menina de pernas magras, o joelho ralado, um pouco de lama seca do brejo no meio dos dedos dos pés.

Linda como a areia que a onda ondeou. Saíra grande! Na adolescência me torturaria; mas sou um homem maduro. Ainda assim às vezes é como um bando de sanhaços bicando os cajus de meu cajueiro, um cardume de peixes dourados avançando, saltando ao sol, na piracema; um bambual com sombra fria, onde ouvi silvo de cobra, e eu quisera tanto dormir. Tanto dormir! Preciso de um sossego de beira de rio, com remanso, com cigarras. Mas você é como se houvesse demasiadas cigarras cantando numa pobre tarde de homem.

Julho, 1945

6
A minha glória literária

"Quando a alma vibra, atormentada..."

Tremi de emoção ao ver essas palavras impressas. E lá estava o meu nome, que pela primeira vez eu via em letra de fôrma. O jornal era *O Itapemirim*, órgão oficial do Grêmio Domingos Martins, dos alunos do Colégio Pedro Palácios, de Cachoeiro de Itapemirim, Estado do Espírito Santo.

O professor de Português passara uma composição: "A lágrima". Não tive dúvidas: peguei a pena e me pus a dizer coisas sublimes. Ganhei 10, e ainda por cima a composição foi publicada no jornalzinho do colégio. Não era para menos:

"Quando a alma vibra, atormentada, às pulsações de um coração amargurado pelo peso da desgraça, este, numa explosão irremediável, num desabafo sincero de infortúnios, angústias e mágoas indefiníveis, externa-se, oprimido, por uma gota de água ardente como o desejo e consoladora como a esperança; e esta pérola de amargura arrebatada pela dor ao oceano tumultuoso, da alma dilacerada é a própria essência do sofrimento: é a lágrima."

É claro que eu não parava aí. Vêm, depois, outras belezas; eu chamo a lágrima de "traidora inconsciente dos segredos d'alma", descubro que ela "amolece os corações mais duros" e também (o que é mais estranho) "endurece os corações mais moles". E acabo com certo exagero dizendo que ela foi "sempre, através da História, a realizadora dos maiores empreendimentos, a salvadora miraculosa de cidades e nações, talismã encantado de vingança e crime, de brandura e perdão".

Sim, eu era um pouco exagerado; hoje não me arriscaria a afirmar tantas coisas. Mas o importante é que minha composição abafara e tanto que não faltou um colega despeitado que pusesse em dúvida a sua autoria: eu devia ter copiado aquilo de algum almanaque.

A suspeita tinha seus motivos: tímido e malfalante, meio emburrado na conversa, eu não parecia capaz de tamanha eloquência. O fato é que a suspeita não me feriu, antes me orgulhou; e a recebi com desdém, sem sequer desmentir a acusação. Veriam, eu sabia escrever coisas loucas; dispunha secretamente de um imenso estoque de "corações amargurados", "pérolas da amargura" e "talismãs encantados" para embasbacar os incréus; veriam...

Uma semana depois o professor mandou que nós todos escrevêssemos sobre a Bandeira Nacional. Foi então que – dá-lhe, Braga! – meti uma bossa que deixou todos maravilhados. Minha composição tinha poucas linhas, mas era nada menos que uma paráfrase do Padre-Nosso, que começava assim: "Bandeira nossa, que estais no céu..."

Não me lembro do resto, mas era divino. Ganhei novamente 10, e o professor fez questão de ler, ele mesmo, a minha obrinha para a classe estupefata. Essa composição não foi publicada porque *O Itapemirim* deixara de sair, mas duas meninas – glória suave! – tiraram cópias, porque acharam uma beleza.

Foi logo depois das férias de junho que o professor passou nova composição: "Amanhecer na fazenda". Ora, eu tinha passado uns 15 dias na Boa Esperança, fazenda de meu tio Cristóvão, e estava muito bem informado sobre os amanheceres da mesma. Peguei da pena e fui contando com a maior facilidade. Passarinhos, galinhas, patos, uma negra jogando milho para as galinhas e os patos, um menino tirando leite da vaca, vaca mugindo... e no fim achei que ficava bonito, para fazer *pendant* com essa vaca mugindo (assim como "consoladora como a esperança" combinara com "ardente como o desejo"), um "burro zurrando". Depois fiz parágrafo, e repeti o mesmo zurro com um advérbio de modo, para fecho de ouro:

"Um burro zurrando escandalosamente."

Foi minha desgraça. O professor disse que daquela vez o senhor Braga o havia decepcionado, não tinha levado a sério seu dever e não merecia uma nota maior do que 5; e para mostrar como era ruim minha composição leu aquele final: "um burro zurrando escandalosamente".

Foi uma gargalhada geral dos alunos, uma gargalhada que era uma grande vaia cruel. Sorri amarelo. Minha glória literária fora por água abaixo.

Janeiro, 1960

7
Os embrulhos do Rio

Encontro o amigo Mário em seu escritório, às voltas com papéis e barbantes, fazendo um grande embrulho. São encomendas e presentes que vai mandar para sua gente em Santa Catarina. Inábil e carinhosamente ele compõe o grande embrulho, que sai torto e frágil. Não me proponho a ajudá-lo, porque sou seu irmão em falta de jeito. Aparece, a certa altura, um rapazinho, que olha em silêncio a faina de Mário. Este compreende a ironia e compaixão do tímido sorriso do rapaz e, com um gesto, pede sua ajuda. Em meio minuto, o moço desmancha tudo e faz daquele embrulho informe e explosivo um pacote simples, sólido e firme.

Mas não estou pensando nessa qualidade que sempre me pareceu milagrosa, essa certeza das mãos em ordenar as coisas para nós rebeldes e desconjuntadas, para esses privilegiados, obedientes e fáceis. Penso nas mãos que, em uma praia distante, vão desembrulhar essas coisas; na alegria com que no fundo da província a gente recebe os presentes.

Quando meus pais ou minha irmã voltavam de um passeio ao Rio, nós todos, os menores, ficávamos olhando com uma impaciência quase agônica as malas e valises que o carregador ia depondo na sala. A alegria maior não estava no presente que cada um recebia, estava no mistério numeroso das malas, na surpresa do que ia surgindo. Uma grande parte, que despertava exclamações deliciadas das mulheres, não nos interessava: eram saias, blusas, lenços, cortes de trapos e fazendas coloridas, joias e bugigangas femininas. A mais distante das primas e a mais obscura das empregadas podia estar certa de ganhar um pequeno presente: a alegria era para todos da casa e da família, e se derramava em nossa rua pelos vizinhos e amigos. Além dos presentes havia as inumeráveis encomendas, três metros disto ou daquilo, um sapatinho de tal número para combinar com aquele vestidinho grená, fitas, elásticos, não sei o que mais.

Se esse mundo de coisas de mulher nos deixava frios e impacientes, os brinquedos e os presentes para homens e coisas para uso caseiro eram visões sensacionais. Jogos de papelões coloridos, coisas de lata com molas imprevistas, fósforos de acender sem caixa, abridores de latas, sopa juliana seca, isqueiros, torradeiras de pão, coisas elétricas, brilhantes e coloridas – todo o mundo mecânico insuspeitado que chegava ao nosso canto de província. E também programas de cinema, cardápios de restaurantes...

Seriam, afinal de contas, coisas de pouco valor: os grandes engenhos modernos estrangeiros estavam fora de nossas posses e de nossa imaginação. Mas para nós tudo era sensacional; e depois de esparramado sobre a mesa ou pelo chão o conteúdo da última valise, e distribuídos todos os presentes, ainda ficávamos algum tempo aturdidos por aquela sensação de opulência e de milagre. E o dia inteiro ouvindo a conversa dos grandes, que davam notícias de amigos, comentavam histórias, falavam da última revista de Araci Cortes, no Recreio, da última comédia de Procópio ou de Leopoldo Fróis ou da doença dos nossos parentes de Vila Isabel – ainda ficávamos tontos, pensando nesse Rio de Janeiro fabuloso, tão próximo e tão distante.

Aos 9 anos de idade, vim pela primeira vez ao Rio, trazido por minha irmã. Voltei muitas vezes; estou sempre voltando. Aqui já me aconteceram coisas. Mas o grande encanto e o máximo prestígio do Rio estavam nas malas e nos embrulhos abertos diante dos olhos assombrados do menino da roça.

Março, 1952

8
Histórias de Zig

Um dia, antes do remate de meus dias, ainda jogarei fora esta máquina de escrever e, pegando uma velha pena de pato, me porei a narrar a crônica dos Braga. Terei então de abrir todo um livro e contar as façanhas de um deles que durou apenas 11 anos, e se chamava Zig.

Zig – ora direis – não parece nome de gente, mas de cachorro. E direis muito bem, porque Zig era cachorro mesmo. Se em todo o Cachoeiro era conhecido por Zig Braga, isso apenas mostra como se identificou com o espírito da casa em que nasceu, viveu, mordeu, latiu, abanou o rabo e morreu.

Teve, no seu canto de varanda, alguns predecessores ilustres, dos quais só recordo Sizino, cujos latidos atravessam minha infância, e o ignóbil Valente, que encheu de desgosto meu tio Trajano. Não sei onde Valente ganhou esse belo nome; deve ter sido literatura de algum Braga, pois hei de confessar que só o vi valente no comer angu. E só aceitava angu pelas mãos de minha mãe.

Um dia, tio Trajano veio do sítio... Minto! Foi tio Maneco. Tio Maneco veio do sítio e, conversando com meu pai na varanda, não tirava o olho do cachorro. Falou-se da safra, das dificuldades da lavoura...

– Ó Chico, esse cachorro é veadeiro.

Meu pai achava que não; mas, para encurtar conversa, quando tio Maneco montou sua besta, levou o Valente atrás de si com a coleira presa a uma cordinha. O sítio não tinha 3 léguas lá de casa. Dias depois meu tio levou a cachorrada para o mato, e Valente no meio. Não sei se matou alguma coisa; sei apenas que Valente sumiu. Foi a história que tio Maneco contou indignado a primeira vez que voltou no Cachoeiro; o cachorro não aparecera em parte alguma, devia ter morrido...

– Sem-vergonhão!

Acabara de ver o Valente que, deitado na varanda, ouvia a conversa e o mirava com um olho só.

Nesse ponto, e só nele, era Valente um bom Braga, que de seu natural não é povo caçador; menos eu, que ando por este mundo a caçar ventos e melancolias.

Houve, certamente, lá em casa, outros cães. Mas vamos logo ao Zig, o maior deles, não apenas pelo seu tamanho como pelo seu espírito. Sizino é uma lembrança vaga, do tempo de Quinca Cigano e da negra Iria, que cantava "O crime da caixa-d'água" e "No mar desta vida", em cujo mar afirmava encontrar às vezes "alguns escolhos", e eu tinha a impressão de que "escolhos" eram uns peixes ferozes piores que tubarão.

AO MEU PAI CHAMAVAM de coronel, e não o era; a mim muitos me chamam de capitão, e não sou nada. Mas isso mostra que não somos de todo infensos ao militarismo, de maneira que não há como explicar o profundo ódio que o nosso bom cachorro Zig votava aos soldados em geral. A tese aceita em família é que devia ter havido, na primeira infância de Zig, algum soldado que lhe deu um pontapé. Haveria de ser um mau elemento das forças armadas da Nação, pois é forçoso reconhecer que mesmo nas forças armadas há maus elementos, e não apenas entre as praças de pré como mesmo entre os mais altos... mas isto aqui, meus caros, é uma crônica de reminiscências canino-familiares e nada tem a ver com a política.

Deve ter sido um soldado qualquer, ou mesmo um carteiro. A verdade é que Zig era capaz de abanar o rabo perante qualquer paisano que lhe parecesse simpático (poucos, aliás, lhe pareciam), mas a farda lhe despertava os piores instintos. O carteiro de nossa rua acabou entregando as cartas na casa de tia Meca. Volta e meia tínhamos uma "questão militar" a resolver, por culpa de Zig.

Tão arrebatado na vida pública, Zig era, entretanto, um anjo do lar. Ainda pequeno tomou-se de amizade por uma gata, e era coisa de elevar o coração humano ver como aqueles dois bichos dormiam juntos, encostados um ao outro. Um dia, entretanto, a gata compareceu com cinco mimosos gatinhos, o que surpreendeu profundamente Zig.

Ficou muito aborrecido, mas não desprezou a velha amiga e continuou a dormir a seu lado. Os gatinhos então começaram a subir pelo corpo de Zig, a miar interminavelmente. Um dia pela manhã, não aguentando mais, Zig segurou com a boca um dos gatinhos e sumiu com ele. Voltou pouco depois, e, diante da mãe espavorida, abocanhou pelo dorso outro bichinho e sumiu novamente. Apesar de todos os protestos da gata, fez isso com todas as crias. Voltou ainda, latiu um pouco e depois saiu na direção da cozinha. A gata seguiu-o, a miar desesperada. Zig subiu o morro, ela foi atrás. Em um buraco, lá no alto, junto ao cajueiro, estavam os cinco bichos, vivos e intactos. A mãe deixou-se ficar com eles e Zig voltou para dormitar no seu canto.

Estava no maior sossego quando a gata apareceu novamente, com todas as crias atrás. Deitou-se ao lado de Zig, e novamente os bichinhos começaram a passear pelo seu corpo.

Um abuso inominável. Zig ficou horrivelmente aborrecido, e suspirava de cortar o coração, enquanto os gatinhos lhe miavam pelas orelhas. Subitamente abocanhou um dos bichos e sumiu com ele, desta vez em disparada. Em menos de cinco minutos havia feito outra vez a mudança, correndo como um desesperado morro abaixo e morro acima. Mas as mulheres são teimosas, e quando descobrem o quanto é fraco e mole um coração de Braga começam a abusar. O diabo da gata voltou ainda cinicamente com toda a sua detestável filharada. Previmos que desta vez Zig ia perder a paciência. O que fez, simplesmente, foi se conformar, embora desde então esfriasse de modo sensível sua amizade pela gata.

Mas não pensem, por favor, que Zig fosse um desses cães exemplares que frequentam as páginas de *Seleções*, somente capazes de ações nobres e sentimentos elevados, cães aos quais só falta falar para citarem Abraham Lincoln, e talvez Emerson. Se eu afirmasse isso, algumas dezenas de leitores de Cachoeiro de Itapemirim rasgariam o jornal e me escreveriam cartas indignadas, a começar pelo Dr. Lofego, a quem Zig mordeu ignominiosamente, para vergonha e pesar do resto da família Braga.

DE VEZ EM QUANDO aparecia lá em casa algum sujeito furioso a se queixar de Zig.

Assisti a duas dessas cenas: o mordido lá embaixo, no caramanchão, a vociferar, e minha mãe cá em cima, na varanda, a abrandá-lo. Minha mãe mandava subir o homem e providenciava o curativo necessário. Mas se a vítima passava além da narrativa concreta dos fatos e começava a insultar Zig, ela ficava triste: “Coitadinho, ele tão bonzinho... é um cachorro muito bonzinho.” O homem não concordava e ia-se embora ainda praguejando. O comentário de mamãe era invariável: “Ora, também... Alguma coisa ele deve ter feito ao cachorrinho. Ele não morde ninguém...”

"Cachorrinho" deve ser considerado um excesso de ternura, pois Zig era, sem o mínimo intuito de ofensa, mas apenas por amor à verdade, um cachorrão. E a verdade é que mordeu um número maior de pessoas que o necessário para manter a ordem em Cachoeiro de Itapemirim. Evitávamos, por isso, que ele saísse à rua, e o bom cachorro (sim, no fundo era uma boa alma) gostava de ficar em casa; mas se alguém saía ele tratava de ir atrás.

Contam que uma de minhas irmãs perdeu o namorado por causa da constante e apavorante companhia de Zig.

Quanto à minha mãe, ela sempre teve o cuidado de mandar prender o cachorro domingo pela manhã, quando ia à missa. Às vezes, entretanto, acontecia que o bicho escapava; então descia a escada velozmente atrás das pegadas de minha mãe. Sempre de focinho no chão, lá ia ele para cima; depois quebrava à direita e atravessava a Ponte Municipal. Do lado norte trotava outra vez para baixo e em menos de quinze minutos estava entrando na igreja apinhada de gente. Atravessava aquele povo todo até chegar diante do altar-mor, onde oito ou dez velhinhas recebiam, ajoelhadas, a Santa Comunhão.

Zig se atrapalhava um pouco – e ia cheirando, uma por uma, aquelas velhinhas todas, até acertar com a sua dona. Mais de uma vez o padre recuou indignado, mais de uma vez uma daquelas boas velhinhas trincou a hóstia, gritou ou saiu a correr assustada, como se o nosso bom cão que a fuçava, com seu enorme focinho úmido, fosse o próprio Cão de fauces a arder.

Mas que alegria de Zig quando encontrava, afinal, a sua dona! Latia e abanava o rabo de puro contentamento, e não a deixava mais. Era um quadro comovente, embora irritasse, para dizer a verdade, a muitos fiéis. Que tinham lá suas razões, mas nem por isso ninguém me convence de que não fossem criaturas no fundo egoístas, mais interessadas em salvar suas próprias e mesquinhas almas do que em qualquer outra coisa.

Hoje minha mãe já não faz a longa e penosa caminhada, sob o sol de Cachoeiro, para ir ao lado de lá do rio assistir à missa. Atravessou a ponte todo domingo durante muitas e muitas dezenas de anos, e está velha e cansada. Não me admiraria saber que Deus, não recebendo mais sua visita, mande às vezes, por consideração, um santo qualquer, talvez Francisco de Assis, fazer-lhe uma visitinha do lado de cá, em sua velha casa verde; nem que o Santo, antes de voltar, dê uma chegada ao quintal para se demorar um pouco sob o velho pé de fruta-pão onde enterramos Zig.

Outubro, 1948

9
O compadre pobre

O coronel, que então morava já na cidade, tinha um compadre sitiante que ele estimava muito. Quando um filho do compadre Zeferino ficava doente, ia para a casa do coronel, ficava morando ali até ficar bom; o coronel é que arranjava médico, remédio, tudo.

Quase todos os meses o compadre pobre mandava um caixote de ovos para o coronel. Seu sítio era retirado umas duas léguas de uma estaçãozinha da Leopoldina, e compadre Zeferino despachava o caixote de ovos de lá, frete a pagar. Sempre escrevia no caixote: CUIDADO É OVOS – e cada ovo era enrolado em sua palha de milho com todo carinho para não se quebrar na viagem. Mas, que o quê: a maior parte quebrava com os solavancos do trem.

Os meninos filhos do coronel morriam de rir abrindo o caixote de presente do compadre Zeferino; a mulher dele abanava a cabeça como quem diz: qual... Os meninos, com as mãos lambuzadas de clara e gema, iam separando os ovos bons. O coronel, na cadeira de balanço, ficava sério; mas, reparando bem, a gente via que ele às vezes sorria das risadas dos meninos e das bobagens que eles diziam: por exemplo, um gritava para o outro – "cuidado, é ovos"!

Quando os meninos acabavam o serviço, o coronel perguntava:

– Quantos salvaram?

Os meninos diziam. Então ele se voltava para a mulher: "Mulher, a quanto está a dúzia de ovos aqui no Cachoeiro?" A mulher dizia. Então ele fazia um cálculo do frete que pagara, mais do carreto da estação até a casa e coçava a cabeça com um ar engraçado:

– Até que os ovos do compadre Zeferino não estão me saindo muito caros desta vez.

Um dia perguntei ao coronel se não era melhor avisar ao compadre Zeferino para não mandar mais ovos; afinal, para ele, coitado, era um sacrifício se desfazer daqueles ovos, levar o caixote até a estação para despachar; e para nós ficava mais em conta comprar ovos na cidade.

O coronel me olhou nos olhos e falou sério:

– Não diga isso. O compadre Zeferino ia ficar muito sem graça. Ele é muito pobre. Com pobre a gente tem de ser muito delicado, meu filho.

Novembro, 1952

10
Os trovões de antigamente

Estou dormindo no antigo quarto de meus pais; as duas janelas dão para o terreiro onde fica o imenso pé de fruta-pão, a cuja sombra cresci. O desenho de suas folhas recorta-se contra o céu; essa imagem das folhas do fruta-pão recortadas contra o céu é das mais antigas de minha infância, do tempo em que eu ainda dormia em uma pequena cama cercada de palhinha junto à janela da esquerda.

A tarde está quente. Deito-me um pouco para ler, mas deixo o livro, fico a olhar pela janela. Lá fora, uma galinha cacareja, como antigamente. E essa trovoada de verão é tão Cachoeiro, é tão minha casa em Cachoeiro! Não, não é verdade que em toda parte do mundo os trovões sejam iguais. Aqui os morros lhe dão um eco especial, que prolonga seu rumor. A altura e a posição das nuvens, do vento e dos morros que ladeiam as curvas do rio criam essa ressonância em que me reconheço menino, assustado e fascinado pela visão dos relâmpagos, esperando a chegada dos trovões e depois a chuva batendo grossa lá fora, na terra quente, invadindo a casa com seu cheiro. Diziam que São Pedro estava arrastando móveis, lavando a casa; e eu via o padroeiro de nossa terra, com suas barbas, empurrando móveis imensos, mas iguais aos de nossa casa, no assoalho do céu – certamente também feito assim, de tábuas largas. Parece que eu não acreditava na história, sabia que era apenas uma maneira de dizer, uma brincadeira, mas a imagem de São Pedro de camisolão empurrando um grande armário preto me ficou na memória.

Nossa casa era bem bonita, com varanda, caramanchão e o jardim grande ladeando a rua. Lembro-me confusamente de alguns canteiros, algumas flores e folhagens desse jardim que não existe mais; especialmente de uma grande touceira de espadas-de-são-jorge que a gente chamava apenas de "talas"; e, lá no fundo, o precioso pé de saboneteira que nos fornecia bolas pretas para o jogo de gude. Era uma grande riqueza, uma árvore tão sagrada como o fruta-pão e o cajueiro do alto do morro, árvores de nossa família, mas conhecidas por muita gente na cidade; nós também não conhecíamos os pés de carambola das Martins ou as mangueiras do Dr. Mesquita?

Sim, nossa casa era muito bonita, verde, com uma tamareira junto à varanda, mas eu invejava os que moravam do outro lado da rua, onde o fundo das casas dão para o rio. Como a casa das Martins, como a casa dos Leão, que depois foi dos Medeiros, depois de nossa tia, casa com varanda fresquinha dando para o rio.

Quando começavam as chuvas a gente ia toda manhã lá no quintal deles ver até onde chegara a enchente. As águas barrentas subiam primeiro até a altura da cerca dos fundos, depois às bananeiras, vinham subindo o quintal, entravam pelo porão. Mais de uma vez, no meio da noite, o volume do rio cresceu tanto que a família defronte teve medo.

Então vinham todos dormir em nossa casa. Isso para nós era uma festa, aquela faina de arrumar camas nas salas, aquela intimidade improvisada e alegre. Parecia que as pessoas ficavam todas contentes, riam muito, como se fazia café e se tomava café tarde da noite! E às vezes o rio atravessava a rua, entrava pelo nosso portão, e me lembro que nós, os meninos, torcíamos para ele subir mais e mais. Sim, éramos a favor da enchente, ficávamos tristes de manhãzinha quando, mal saltando da cama, íamos correndo para ver que o rio baixara um palmo – aquilo era uma traição, uma fraqueza do Itapemirim. Às vezes chegava alguém a cavalo, dizia que lá para cima, pelo Castelo, tinha caído chuva muita, anunciava água nas cabeceiras, então dormíamos sonhando que a enchente ia outra vez crescer, queríamos sempre que aquela fosse a maior de todas as enchentes.

E naquelas tardes as trovoadas tinham esse mesmo ronco prolongado entre morros, diante das duas janelas do quarto de meus pais; eles trovejavam sobre nosso telhado e nosso pé de fruta-pão, os grandes, grossos trovões familiares de antigamente, os bons trovões do velho São Pedro.

Cachoeiro, dezembro, 1958

11
Lembranças

Lendo, outro dia, as reminiscências infantis de um escritor sobre a Abolição e a República fiquei a pensar nos acontecimentos políticos que me impressionaram no começo da vida. Lembro-me (tinha 5 anos) de estar no caramanchão de minha casa quando alguém disse que o Brasil tinha ganho a guerra da Alemanha. Não me recordo de ter ouvido falar dessa guerra antes. A primeira notícia que dela tive foi essa da vitória: fiquei contente na hora, mas creio que não pensei mais no assunto.

O que muito me impressionou (9 anos) foi o Centenário da Independência; esperei com ansiedade o dia 7 de setembro. Houve grande ajuntamento na Praça Jerônimo Monteiro, com banda de música e oradores falando do coreto. Depois, a multidão, com archotes acesos, caminhou pela rua, atravessou a Ponte Municipal; do lado norte, subimos um morro onde haviam armado um grande cruzeiro. Não me lembro se houve missa ou reza, lembro-me de um discurso de um chefe político, o Sr. Fernando de Abreu. Eu estava achando bonito andar assim todo mundo no meio da noite, mas tenho a lembrança de uma certa decepção. Achei que a festa acabou cedo demais; por mim eu caminharia léguas ainda, principalmente se tivesse um archote (não me deram nenhum), depois achei a ideia de cruzeiro meio sem graça; eu esperava vagamente que aparecesse uma coisa assim como a estátua de Pedro I a cavalo, como havia no meu livro escolar. As palavras "Centenário da Independência" me faziam prever algo de mais estupendo, como se as pessoas devessem ficar maiores e brilhar, toda a terra estremecer porque era o Centenário.

Coisa de um ano depois, outra lembrança: eu ia para a escola quando encontrei com meninos que já vinham voltando, pois não ia haver aula. Perguntei por quê, e eles gritaram alegremente: Rui Barbosa morreu! Rui Barbosa morreu! Juntei-me a eles e também comecei a gritar para todo o mundo: Rui Barbosa morreu! Nunca ouvira falar de Rui Barbosa, mas, na mesma hora, pela conversa de gente grande fiquei informado de que: a) era o homem mais inteligente do Brasil, grande patriota que tinha assombrado o mundo inteiro; b) não valia nada porque tinha votado o estado de sítio e era um vendido, porque era o advogado da Light. Fiquei um tanto perplexo com estas informações e ainda mais (perplexidade alegre) por não haver aulas.

Tenho outra recordação que acredito ser dos 12 anos: o batalhão do meu colégio formou (não me lembro se ainda era anspeçada ou já chegara a terceiro-sargento, posto máximo que atingi e do qual fui logo rebaixado a cabo; acho que era cabo) e fomos à estação esperar a Força Pública do Espírito Santo que estava voltando da Revolução de São Paulo. Lembro-me de nosso orgulho em formar juntamente com soldados de verdade, que vinham da guerra e tinham ganho a guerra; muitos deles usavam barbas e todos nos pareciam heróis. Grande foi a minha estranheza quando nosso pelotão, não sei por quê, ficou parado junto ao meio-fio, e ouvi a conversa de uns homens que estavam ali na calçada. Diziam que aqueles soldados tinham feito um papel muito feio em São Paulo e eram covardes e ladrões, tinham roubado muita coisa, inclusive automóveis, que certos oficiais estavam carregando para eles. Efetivamente vi alguns automóveis em um trem de carga, o que me impressionou.

Bolas! Eu preferia que Rui Barbosa fosse um grande homem para todo o mundo e a nossa Força Pública tivesse feito uma bela guerra contra Isidoro; mas nas ruas de Cachoeiro nunca faltou um espírito de contradição, algum homem do povo de palavra solta para envenenar a nossa alegria cívica e nos ensinar desconfiança. Mesmo quando injusto, esse espírito de porco ainda hoje me parece útil, e temo qualquer regime que o suprima, ou tente suprimi-lo.

Setembro, 1953

12
Nós, imperadores sem baleias

Foi em agosto de 1858 que correu na cidade o boato de que havia duas baleias imensas em Copacabana. Todo mundo se mandou para essa praia remota, muita gente dormiu lá em barracas, entre fogueiras acesas, e Pedro II também foi com gente de sua imperial família ver as baleias. O maior encanto da história é que não havia baleia nenhuma. Esse imperador saindo de seus paços, viajando em carruagem, subindo o morro a cavalo para ver as baleias, que eram boato, é uma coisa tão cândida, é um Brasil tão bobo e tão bom!

Pois bem. No começo da última guerra havia uns rapazes que se juntavam no Bar Vermelhinho, para beber umas coisas, ver as moças, bater papo. Ah! – como dizia o Eça – éramos rapazes! E entre nós havia um poeta que uma tarde chegou com os olhos verdes muito abertos, atrás dos óculos, falando baixo, portador de uma notícia extraordinária: a esquadra inglesa estava ancorada na lagoa Rodrigo de Freitas!

Ah!, éramos rapazes! Visualizamos num instante aquela beleza, a esquadra amiga, democrática, evoluindo perante o Jockey Club, abençoada pelo Cristo do Corcovado entre as montanhas e o mar. Eu me ri e disse: poeta, que brincadeira, como é que a esquadra ia passar por aquele canal? Ele respondeu: pois é, isso é que é espantoso!

Em volta, as moças acreditavam. Em que as moças não acreditam? Elas não sabem geografia nem navegação, são vagas a respeito de canais, e se não acreditarem nos poetas, como poderão viver? Mas houve protestos prosaicos: não era possível! O poeta tornou-se discreto, falava cada vez mais baixo: está lá. E como as dúvidas fossem crescendo, grosseiras, ele confidenciou: quem viu foi dona Heloísa Alberto Torres!

Ficamos um instante em silêncio. O nome de uma senhora ilustre, culta, séria e responsável era colocado no mastro real da capitânia da esquadra do almirante Nélson pelas mãos do poeta. E o poeta sussurrou: eu vou para lá. Então as moças também quiseram ir, e, como é bom que rapazes e moças andem juntos, nós partimos todos alegremente – ah!, éramos rapazes! – mesmo porque lá havia outro bar, no Sacopã.

Já havia o Corte do Cantagalo? Não havia o Corte do Cantagalo? A tarde era fresca e bela, não me lembro mais de nosso caminho, lembro da viagem, as moças rindo. Tudo sobre nossas cabeças de jovens era pardo, o governo era nazista, a gente lutava entre a cadeia e o medo, com fome de liberdade – e de repente a esquadra inglesa, tangida pelo poeta, na lagoa Rodrigo de Freitas! Fomos, meio bebidos, nosso carro desembocou numa rua, noutra, grande emoção – a lagoa! Estava mais bela do que nunca, levemente crespa na brisa da tarde, debaixo do céu azul de raras nuvens brancas perante as montanhas imensas.

Não havia navios. Rimos, rimos, rimos, mas o poeta, de súbito, sério, apontou: olhem lá. Céus! Na distância das águas havia um mastro, nele uma flâmula que a brisa do Brasil beijava e balançava, antes te houvessem roto na batalha que servires a um povo de mortalha! O encantamento durou um instante, e neste instante caiu o Estado Novo, morreram Hitler e Mussolini, as prisões se abriram, raiou o sol da liberdade – mas um desalmado restaurou a negra, assassina, ladravaz ditadura com quatro palavras: é o

Clube Piraquê de mastro novo! Aquilo é o Clube, não é navio nenhum!

Então bebemos, o entardecer era lindo na beira da lagoa, as moças ficaram meigas, eu consolei a todos com a história do imperador sem baleias. O poeta Vinicius disse: nós somos imperadores sem baleias! Ah!, éramos rapazes!

Março, 1954

13
Mãe

(Crônica dedicada ao Dia das Mães,
embora com o final inadequado,
ainda que autêntico.)

O menino e seu amiguinho brincavam nas primeiras espumas; o pai fumava um cigarro na praia, batendo papo com um amigo. E o mundo era inocente, na manhã de sol.

Foi então que chegou a Mãe (esta crônica é modesta contribuição ao Dia das Mães), muito elegante em seus shorts, e mais ainda em seu maiô. Trouxe óculos escuros, uma esteirinha para se esticar, óleo para a pele, revista para ler, pente para se pentear – e trouxe seu coração de Mãe que imediatamente se pôs aflito achando que o menino estava muito longe e o mar estava muito forte.

Depois de fingir três vezes não ouvir seu nome gritado pelo pai, o garoto saiu do mar resmungando, mas logo voltou a se interessar pela alegria da vida, batendo bola com o amigo. Então a Mãe começou a folhear a revista mundana – "que vestido horroroso o da Marieta neste coquetel" – "que presente de casamento vamos dar à Lúcia? tem de ser uma coisa boa" – e outros pequenos assuntos sociais foram aflorados numa conversa preguiçosa. Mas de repente:

– Cadê Joãozinho?

O outro menino, interpelado, informou que Joãozinho tinha ido em casa apanhar uma bola maior.

– Meu Deus, esse menino atravessando a rua sozinho! Vai lá, João, para atravessar com ele, pelo menos na volta!

O pai (fica em minúscula; o Dia é da Mãe) achou que não era preciso:

– O menino tem OITO anos, Maria!

– OITO anos, não, 8 anos, uma criança. Se todo dia morre gente grande atropelada, que dirá um menino distraído como esse!

E erguendo-se olhava os carros que passavam, todos guiados por assassinos (em potencial) de seu filhinho.

– Bem, eu vou lá só para você não ficar assustada.

Talvez a sombra do medo tivesse ganho também o coração do pai; mas quando ele se levantou e calçou a alpercata para atravessar os 20 metros de areia fofa e escaldante que o separavam da calçada, o garoto apareceu correndo alegremente com uma bola vermelha na mão, e a paz voltou a reinar sobre a face da praia.

Agora o amigo do casal estava contando pequenos escândalos de uma festa a que fora na véspera, e o casal ouvia, muito interessado – "mas a Niquinha com o coronel? Não é possível" – quando a Mãe se ergueu de repente:

– E o Joãozinho?

Os três olharam em todas as direções, sem resultado. O marido, muito calmo – "deve estar por aí", a Mãe gradativamente nervosa – "mas por aí, onde?" – o amigo otimista, mas levemente apreensivo. Havia cinco ou seis meninos dentro da água, nenhum era o Joãozinho. Na areia havia outros. Um deles, de costas, cavava um buraco com as mãos, longe.

– Joãozinho!

O pai levantou-se, foi lá, não era. Mas conseguiu encontrar o amigo do filho e perguntou por ele.

– Não sei, eu estava catando conchas, ele estava catando comigo, depois ele sumiu.

A Mãe, que viera correndo, interpelou novamente o amigo do filho. "Mas sumiu como? para onde? entrou na água? não sabe? mas que menino pateta!" O garoto, com cara de bobo, e assustado com o interrogatório, se afastava, mas a Mãe foi segurá-lo pelo braço: "Mas diga, menino, ele entrou no mar? como é que você não viu, você não estava com ele? hein? ele entrou no mar?"

– Acho que entrou... ou então foi-se embora.

De pé, lábios trêmulos, a Mãe olhava para um lado e outro, apertando bem os olhos míopes para examinar todas as crianças em volta. Todos os meninos de 8 anos se parecem na praia, com seus corpinhos queimados e suas cabecinhas castanhas. E como ela queria que cada um fosse seu filho, durante um segundo cada um daqueles meninos era o seu filho, exatamente ele, enfim – mas um gesto, um pequeno movimento de cabeça, e deixava de ser. Correu para um lado e outro. De súbito ficou parada olhando o mar, olhando com tanto ódio e medo (lembrava-se muito bem da história acontecida dois a três anos antes, um menino estava na praia com os pais, eles se distraíram um instante, o menino estava brincando no rasinho, o mar o levou, o corpinho só apareceu cinco dias depois, aqui nesta praia mesmo!) –, deu um grito para as ondas e espumas – "Joãozinho!"

Banhistas distraídos foram interrogados – se viram algum menino entrando no mar – o pai e o amigo partiram para um lado e outro da praia, a Mãe ficou ali, trêmula, nada mais existia para ela, sua casa e família, o marido, os bailes, os Nunes, tudo era ridículo e odioso, toda essa gente estúpida na praia que não sabia de seu filho, todos eram culpados – "Joãozinho!" – ela mesma não tinha mais nome nem era mulher, era um bicho ferido, trêmulo, mas terrível, traído no mais essencial de seu ser, cheia de pânico e de ódio, capaz de tudo – "Joãozinho!" – ele apareceu bem perto, trazendo na mão um sorvete que fora comprar. Quase jogou longe o sorvete do menino com um tapa, mandou que ele ficasse sentado ali, se saísse um passo iria ver, ia apanhar muito, menino desgraçado!

O pai e o amigo voltaram a sentar, o menino riscava a areia com o dedo grande do pé, e quando sentiu que a tempestade estava passando fez o comentário em voz baixa, a cabeça curva, mas os olhos erguidos na direção dos pais:

– Mãe é chaaata...

Maio, 1953

14
Coração de mãe

O nome da rua eu não digo, e o das moças muito menos. Se me perguntarem se isso não aconteceu na Rua Correia Dutra com certas jovens que mais tarde vieram a brilhar no rádio eu darei uma desculpa qualquer e, com meu cinismo habitual, responderei que não.

As moças eram duas, e irmãs. A mãe exercia as laboriosas funções de dona de pensão. Uma senhora que é dona de pensão no Catete pode aceitar depois indiferentemente um cargo de ministro da guerra da Turquia, restauradora das finanças do Reich ou poeta português. A pensão da mãe das moças era uma grande pensão, pululante de funcionários, casais, estudantes, senhoras bastante desquitadas. E não devo dizer mais nada: quanto menos se falar da mãe dos outros, melhor. Juntarei apenas que essa mãe era muito ocupada e que as moças possuíam, ambas, olhos azuis. No pardieiro pardarrão, tristonho, as duas meninas louras viviam cantarolando. Creio ser inevitável dizer que eram como dois excitantes e leves canários-belgas a saltitar em feio e escuro viveiro – e a mãe era muito ocupada.

A tendência das moças detentoras de olhos azuis é para ver a vida azul-celeste; e a dos canários é voar. Mesmo sobre os casarões do Catete o céu às vezes é azul, e o sol acontece ser louro. Uns dizem que na verdade esse céu azul não pertence ao Catete, e sim ao Flamengo: a população do Catete apenas o poderia olhar de empréstimo. Outros afirmam que o sol louro é da circunscrição de Santa Teresa e da paróquia de Copacabana; nós, medíocres e amargos homens do Catete, também o usufruiríamos indebitamente. Não creio em nada disso. A mesma injúria assacaram contra Niterói ("Niterói, Niterói, como és formosa", suspirou um poeta do século passado, que foi o dos suspiros) declarando que Niterói não tem lua própria, e a que ali é visível é de propriedade do Rio. Não, em nada disso creio. Em minhas andanças e paranças, já andei e parei em Niterói, onde residi na Rua Lopes Trovão, e recitava habitualmente com muito desgosto de uma senhorita vizinha:

"Caramuru, Caramuru, filho do fogo, mãe da Rua Lopes Trovão!"

Já não me lembro quem me ensinou esses versinhos, aliás mimosos. Ainda hoje costumo repeti-los quando de minhas pequenas viagens de cabotagem, jogando miolo de pão misto às pobres gaivotas.

Ora, aconteceu que uma noite, ou, mais propriamente, uma madrugada, a mãe das moças de olhos azuis achou que aquilo era demais. Cá estou prevendo o leitor a perguntar que "aquilo" é esse, que era demais. Explicarei que Marina e Dorinha haviam chegado em casa um pouco tontas, em alegre e promíscua baratinha. Certamente nada acontecera de excessivamente grave – mas o coração das mães é aflito e severo. Aquela noite nenhum dos hóspedes dormiu: houve um relativo escândalo e muitas imprecações.

No dia seguinte pela manhã aconteceu que Marina estava falando ao telefone com voz muito doce e dona Rosalina (a mãe) chegou devagarinho por detrás e ouviu tropos que tais:

– Pois é... a velha é muito cacete. Não, não liga a isso não. É cretinice da velha, mas a gente tapeia. Olha, nós hoje vamos ao dentista às cinco horas. É...

"A velha..." Essa expressão mal-azada foi o princípio da tormenta. A conversa telefônica foi interrompida da maneira pela qual um elefante interromperia a palestra amorosa de dois colibris na relva. Verdades muito duras foram proferidas em voz muito alta. A "velha" vociferava que aquilo era uma vergonha e preferia matar aquelas duas pestes a continuar aquele absurdo. "Maldita hora – exclamou – em que teu pai foi-se embora." Assim estavam as coisas quando Dorinha apareceu no corredor – e foi colhida ou colidida em cheio pela tormenta. Houve ligeira reação partida de Marina, assim articulada:

– E a senhora também! Pensa que estou disposta a viver ouvindo desaforos? A senhora precisa deixar de ser...

Depois do verbo "ser" veio uma palavra que elevou dona Rosalina ao êxtase da fúria. As moças foram empolgadas em um redemoinho de tapas e pontapés escada abaixo, ao mesmo tempo que dona Rosalina berrava:

– Fora! Para fora daqui, todas duas!

("Todas duas" é um galicismo, conforme algum tempo depois observou um leitor da *Gramática Expositiva Superior* de Eduardo Carlos Pereira, residente naquela pensão, em palestra com alguns amigos.)

Outras palavras foram gritadas em tão puro e rude vernáculo que tentarei traduzi-las assim:

– Passem já! Vão fazer isso assim-assim, vão para o diabo que as carregue, suas isso assim-assim! Não ponham mais os pés em minha casa!

(O leitor inteligente substituirá as expressões "isso assim-assim" pelos termos convenientes; a leitora inteligente não deve substituir coisa alguma para não ficar com vergonha.)

As moças desceram até o quarto sob intensa fuzilaria de raiva maternal, arrumaram chorando e tremendo uma valise e se viram empurradas até a porta da rua. Nessa porta dona Rosalina fez um comício que, mesmo contando os discursos do Sr. Maurício de Lacerda na Primeira República e os piores artigos dos falecidos senhores Mário Rodrigues e Antônio Torres produzidos sob o mesmo regime, foi das coisas mais violentas que já se disseram em público neste país. O café da esquina se esvaziou; automóveis, caminhões e um grande carro da Limpeza Pública estacionaram na estreita rua. As duas mocinhas, baixando as louras cabeças, choravam humildemente.

GENTE MUITO MISTURADA, etc. É assim que os habitantes dos bairros menos precários e instáveis costumam falar mal de nosso Catete. Mas uma coisa ninguém pode negar: nós, do Catete, somos verdadeiros *gentlemen*. O cavalheirismo do bairro se manifestou naquele instante de maneira esplendente quando a senhora dona Rosalina deu por encerrado, com um ríspido palavrão, o seu comício.

Em face daquelas mocinhas expulsas do lar e que soluçavam com amargura houve um belo movimento de solidariedade. Um cavalheiro – o precursor – aproximou-se de Marina e sugeriu que em sua pensão, na Rua Buarque de Macedo, havia dois quartos vagos, e que elas não teriam de pensar no pagamento da quinzena. Um segundo a esse tempo sitiava Dorinha, propondo chamar um táxi e levá-la para seu apartamento, onde ela descansaria, precisava descansar, estava muito nervosa. A ideia do táxi revoltou alguns presentes, que ofereceram bons carros particulares.

De todos os lados apareceram os mais bondosos homens – funcionários, militares, estudantes, médicos, bacharéis, engenheiros-sanitários, jornalistas, comerciários, sanitaristas e atletas – fazendo os mais tocantes oferecimentos.

Um bacharel pela Faculdade de Niterói (então denominada "a Teixeirinha"), que morava na própria pensão de dona

Rosalina e que havia três meses não podia pagar o quarto, ofereceu-se, não obstante, para levar os dois canários até São Paulo, onde pretendia possuir um palacete. Ouvindo isso, um estudante de medicina que se sustentava a médias no Lamas tomou coragem e propôs conduzi-las para o Uruguai. Seria difícil averiguar por que ele escolheu o Uruguai; naturalmente era um rapaz pobre, com o inevitável complexo de inferioridade: ao pensar em estrangeiro não tinha coragem de pensar em país maior ou mais distante.

Em certo momento um caixeirinho do armazém disse que as moças poderiam ir morar com sua prima, em Botafogo. Essa ideia brilhante de oferecer uma proteção feminina venceu em toda a linha. Um jovem oficial de gabinete do Ministro da Agricultura sugeriu que elas fossem para casa de sua irmã. Um doutorando indicou a residência de sua irmã casada, e um tenente culminou com um gesto largo ofertando-lhes a proteção de sua própria mãe, dele. A luta chegou a tal ponto que um bancário, intrépido, ofereceu três mães, à escolha. Em alguns minutos as infelizes mocinhas tinham a sua disposição cerca de 15 primas, 23 irmãs solteiras, 4 tias muito religiosas, 41 irmãs casadas e 83 mães.

O mais comovente era ver como todos aqueles bons homens procuravam passar a mão pelas cabeças das mocinhas, e lhes dirigiam as palavras mais cheias de ternura e bondade cristã. Trêmulas e nervosas, Marina e Dorinha hesitavam. De qualquer modo a situação havia de ser resolvida. O cavalheiro que tinha conseguido parar o carro em local mais estratégico começou a empurrar docemente as moças para dentro dele, entre alguns protestos da assistência. Vários outros choferes pretenderam inutilmente fazer valer seus direitos – e até o motorista da Limpeza Pública quis à viva força conduzi-las para a boleia do grande caminhão coletor de lixo.

Foi então que, subitamente, dona Rosalina irrompeu de novo escada abaixo; desceu feito uma fúria, abriu caminho na massa compacta e agarrou as filhas pelos braços, gritando:

– Passem já para dentro! Já para dentro, suas desavergonhadas!

Eis o motivo pelo qual eu sempre digo: não há nada, neste mundo, como o coração de mãe.

Julho, 1938

15
As pitangueiras d'antanho

Tem seus 23 anos, e eu a conheço desde os oito ou nove, sempre assim, meio gordinha, engraçada, de cabelos ruivos. Foi criada, a bem dizer, na areia do Arpoador; nasceu e viveu em uma daquelas ruas que vão de Copacabana a Ipanema, de praia a praia. A família mudou-se quando a casa foi comprada para construção de edifício.

Certa vez me contou:

– Em meu quarteirão não há uma só casa de meu tempo de menina. Se eu tivesse passado anos fora do Rio e voltasse agora, acho que não acertaria nem com a minha rua. Tudo acabou: as casas, os jardins, as árvores. É como se eu não tivesse tido infância...

Falta-lhe uma base física para a saudade. Tudo o que parecia eterno sumiu.

OUTRA SENHORA disse então que se lembrava muito de que, quando era menina, apanhava pitangas em Copacabana; depois, já moça, colhia pitangas na Barra da Tijuca; e hoje não há mais pitangas. Disse isso com uma certa animação, e depois ficou um instante com o ar meio triste – a melancolia de não ter mais pitangas, ou, quem sabe, a saudade daquela manhã em que foi com o namorado colher pitangas.

Também em minha infância há pitangueiras de praia. Não baixinhas, em moitas, como aquelas de Cabo Frio, que o vento não deixa crescer; mas altas; e suas copas se tocavam e faziam uma sombra varada por pequenos pontos de sol. O que foi dito em um soneto lido na adolescência (acho que o soneto é de B. Lopes) onde "o sol bordava a pino, sobre a areia, um crivo de ouro num cendal de prata", o que pode ser um tanto precioso, mas é lindo, mesmo a gente não sabendo o que é cendal. Nesse soneto havia um bando alegre de gente moça – esqueci as palavras, mas me lembro de que as moças colhiam pitangas e os rapazes, namoradas.

E lembrei-me de meu espanto de menino quando ouvi dizer que uma família conhecida nossa, de Cachoeiro, estava querendo vender a casa.

Vender a casa... Casa, para mim, era alguma coisa que fazia parte da própria família, algo que existia desde sempre e para sempre com a mesma família. Fiz uma pergunta ingênua e alguém respondeu: "É, eles vão vender a casa porque vão se mudar para Minas."

Fiquei quieto, mas também não entendi. Como é que uma família que mora em uma casa, em uma rua, em uma cidade, pensava eu confusamente no íntimo, pode mudar para outra? Aquilo me parecia contra a ordem natural das coisas.

Também me lembro de achar estranho que casas pudessem ser alugadas. Mas também me lembro de que a primeira vez que tive notícia da existência de edifícios de apartamentos, com umas pessoas morando em cima das outras e sem precisar subir escada porque havia elevador, achei a ideia genial, e pensei comigo mesmo: "Eu vou querer morar no último andar." Mas pensei, confesso, sem nenhuma esperança, como quem pensa em fazer uma coisa que deve ser boa, mas, com certeza, a gente mesmo não vai fazer, como, por exemplo, andar de balão. Como um menino pobre pensa em ser rei.

Janeiro, 1957

16
O jovem casal

Estavam esperando o bonde e fazia muito calor. Veio um bonde, mas estava tão cheio, com tanta gente pendurada nos estribos, que ela apenas deu um passo à frente, ele apenas esboçou com o braço o gesto de quem vai pegar um balaústre – mas desistiram.

Um homem com uma carrocinha de pão obrigou-os a recuar mais para perto do meio-fio; depois o negrinho de uma lavanderia passou com a bicicleta tão junto que um vestido esvoaçante bateu na cara do rapaz.

Ela se queixou de dor de cabeça; ele sentia uma dor de dente não muito forte, mas enjoada e insistente, mas preferiu não dizer nada. Ano e meio casados, tanta aventura sonhada, e estavam tão mal naquele quarto de pensão do Catete, muito barulhento: "Lutaremos contra tudo" – havia dito – e ele pensou com amargor que estavam lutando apenas contra as baratas, as horríveis baratas do velho sobradão. Ela apenas com um gesto de susto e nojo se encolhia a um canto ou saía para o corredor – ele, com repugnância, ia matar o bicho; depois, com mais desgosto ainda, jogá-lo fora.

E havia as pulgas; havia a falta de água, e quando havia água, a fila dos hóspedes no corredor, diante da porta do chuveiro. Havia as instalações que sempre cheiravam mal, o papel da parede amarelado e feio, as duas velhas gordas, pintadas, da mesinha ao lado, que lhe tiravam o apetite para a mesquinha comida da pensão. Toda a tristeza, toda a mediocridade, toda a feiura duma vida estreita onde o mau gosto atroz e pretensioso da classe média se juntava à minuciosa ganância comercial – um ovo era "extraordinário", quando eles pediam dois ovos a dona da pensão olhava com raiva, estavam atrasados dias no pagamento.

Passou um ônibus enorme, parou logo adiante abrindo com ruído a porta, num grande suspiro de ar comprimido, e ela nem sequer olhou o ônibus, era tão mais caro. Ele teve um ímpeto, segurou-a pelo braço disposto a fazer uma pequena loucura financeira – "vamos pegar o ônibus!". Mas o monstro se fechara e partira jogando-lhes na cara um jato de fumaça ruim.

Ele então chegou mais para perto dela – lá vinha outro bonde, não, mas aquele não servia – enlaçou-a pela cintura, depois ficou segurando seu ombro com um gesto de ternura protetora, disse-lhe vagas meiguices, ela apenas ficou quieta. "Está doendo muito a cabeça?" Ela disse que não. "Seu cabelo agora está mais bonito, meio queimado de sol." Ela sorriu levemente, mas de repente: "ih, me esqueci da receita do médico", pediu-lhe a chave do quarto, ele disse que iria apanhar para ela, ela disse que não, ela iria; quando voltou, foi exatamente a tempo de perder um bonde quase vazio; os dois ficaram ali desanimados.

Então um grande carro conversível se deteve um instante perto dos dois, diante do sinal fechado. Lá dentro havia um casal, um sujeito meio calvo de ar importante na direção, uma mulherzinha muito pintada ao lado, sentiram o cheiro de seu perfume caro. A mulherzinha deu-lhes um vago olhar, examinou um pouco mais detidamente a moça, correndo os olhos da cabeça até os sapatos pobres – enquanto o senhor meio calvo dizia alguma coisa sobre anéis, e no momento do carro partir com um arranco macio e poderoso ouviram que a mulherzinha dizia: "se ele deixar aquele por 15 contos, eu fico."

Quinze contos – isso entrou dolorosamente pelos ouvidos do rapaz, parece que foi bater, como um soco, em seu estômago mal alimentado – 15 contos, meses e meses de pensão! Então olhou a mulher e achou-a tão linda e triste com sua blusinha branca, tão frágil, tão jovem e tão querida, que sentiu os olhos arderem de vontade de chorar de humilhação por ser tão pobre; disse: "Viu aquela vaca dizendo que vai comprar um anel de 15 contos?"

Vinha o bonde.

Abril, 1953

17
A mulher e seu passado

Ela conta a história de uma freira que a atormentava no internato, em seu tempo de menina; de um homem que a fez viver longamente entre o desespero e o tédio, a revolta e a humilhação. E fica meio magoada porque a tudo eu sorrio, porque eu não pareço participar do sentimento com que ela fala contra essa gente que passou. Afinal ela também sorri: "Você é meu amigo ou amigo da onça?"

Sou seu amigo. Mas rico ri à toa, e eu me sinto vertiginosamente rico porque essas histórias, alegres ou tristes, ela me conta de mãos dadas, junto de mim. Digo-lhe isso; mas não lhe confesso que aprovo e abençoo todas as coisas e pessoas que povoaram seu passado, e tenho vontade de dizer:

"Benditos teu pai e tua mãe; benditos os que te amaram e os que te maltrataram; bendito o artista que te adorou e te possuiu, e o pintor que te pintou nua, e o bêbado de rua que te assustou, e o mendigo que disse uma palavra obscena; bendita a amiga que te salvou e bendita a amiga que te traiu; e o amigo de teu pai que te fitava com concupiscência quando ainda eras menina; e a corrente do mar que te ia arrastando; e o cão que uivava a noite inteira e não te deixou dormir; e o pássaro que amanheceu cantando em tua janela; e a insensata atriz inglesa que de repente te beijou na boca; e o desconhecido que passou em um trem e te acenou adeus; e teu medo e teu remorso a primeira vez que traíste alguém; e a volúpia com que o fizeste; e a firme determinação, e o cinismo tranquilo, e o tédio; e a mulher anônima que te vociferou insultos pelo telefone; e a conquista de ti por ti mesma, para ti mesma; e os intrigantes do bairro que tentaram te envolver em suas teias escuras; e a porta que se abriu de repente sobre o mar; e a velhinha de preto que ao te ver passar disse: 'moça linda...'; bendita a chuva que tombou de súbito em teu caminho; e bendito o raio que fez saltar teu cavalo; e o mormaço que te fez inquieta e aborrecida; e a lua que te surpreendeu nos braços de um homem escuro entre as grandes árvores azuis. Bendito seja todo o teu passado, porque ele te fez como tu és e te trouxe até mim. Bendita sejas tu."

Abril, 1964

18
O crime (de plágio) perfeito

Aconteceu em São Paulo, por volta de 1933, ou 4. Eu fazia crônicas diárias no *Diário de São Paulo* e além disso era encarregado de reportagens e serviços de redação; ainda tinha uns bicos por fora. Fundou-se naquela ocasião um semanário humorístico, *O Interventor*, que depois haveria de se chamar *O Governador*. Seu dono era Laio Martins, excelente homem de cabelos brancos e sorriso claro, boêmio e muito amigo. Pediu-me colaboração; o que podia pagar era muito pouco, mas eu não queria faltar ao amigo. Escrevi algumas crônicas assinadas. Depois comecei a falhar muito, e como Laio reclamasse, inventei um pretexto para não escrever. Seu jornal era excessivamente político (perrepista, se bem me lembro) e eu não queria tomar partido na política paulista, mesmo porque tinha muitos amigos antiperrepistas. Laio não se conformou: "Então ponha um pseudônimo!"

Prometi de pedra e cal, mas não cumpri. Laio reclamou novamente, me deu prazo certo para lhe entregar a crônica. No dia marcado eu estava atarefadíssimo, e quando veio o contínuo buscar a crônica para *O Interventor*, eu cocei a cabeça – e tive uma ideia. Acabara de ler uma crônica de Carlos Drummond de Andrade no *Minas Gerais*, órgão oficial de Minas, com um pseudônimo – algo assim como Antônio João, ou João Antônio, ou Manuel Antônio, não me lembro mais; ponhamos Antônio João. Botei papel na máquina, copiei a crônica rapidamente e lasquei o mesmo pseudônimo.

Dias depois recebi o dinheiro da colaboração, juntamente com o pedido urgente de outra crônica e um recado entusiasmado do Laio: a primeira estava esplêndida!

Daí para frente encarreguei um menino da portaria, que estava aprendendo a escrever à máquina, de bater a crônica de Drummond para mim; eu apenas revia, para substituir ou riscar alguma referência a qualquer coisa de Minas. Pregada a mentira e praticado o crime, o remédio é perseverar nesse rumo hediondo; se às vezes senti remorso, eu o afogava em chope no bar alemão ao lado, e o pagava (o chope) com o próprio dinheiro do vale do Antônio João.

O remorso não era, na verdade, muito: Carlos não sabia de nada, e o que eu fazia não era propriamente um plágio, porque nem usava matéria assinada por ele, nem punha o meu nome em trabalho dele. E Laio Martins sorria feliz, comentando com meu colega de redação: "O Rubem não quer assinar, mas que importa? Seu estilo é inconfundível!"

O estilo era inconfundível e o chope era bem tirado; mas você pode ter certeza, Carlos Drummond de Andrade, que muitas vezes eu o bebi à sua saúde, ou melhor, à saúde do Antônio João, isto é, à nossa. Dos 25 mil-réis que Laio me pagava, eu dava 5 para o menino que batia à máquina; era muito dinheiro para um menino naquele tempo, e isso fazia o menino feliz. Enfim, lá em São Paulo, todos éramos felizes graças ao seu trabalho: Laio, o menino, os leitores e eu – e você em Minas não era infeliz.

Não creio que possa haver um crime mais perfeito.

Agosto, 1956

19
Nascem varões

Do quarto crescente à lua cheia o mar veio subindo de fúria até uma grande festa desesperada de ondas imensas e espumas a ferver. Vi-o estrondando nas praias, arrebentando-se com raiva nas pedras altas. O vento era manso, e depois do sol louro e alegre vinha a lua entre raras nuvens de leite; mas o mar veio crescendo de fúria; e as mulheres de meus amigos que estavam grávidas, todas deram à luz meninos. Sim, nasceram todos varões.

Nascem varões. O poeta Carlos faz um poema seco e triste. Disse-me: quando crescer, Pedro Domingos Sabino não lerá esses versos, ou então não os poderá entender. O poeta contempla com inquietação e melancolia os varões do futuro. Não os entende; sente que neste mundo estranho e fluido as vozes podem perder o sentido ao cabo de uma geração; entretanto faz um poema. Sinto vontade de romper esse momento surdo e solene em que mergulhamos; ora bolas, nasceu um menino. Afinal os meninos sempre nasceram, e inclusive isso é a primeira coisa que costumam fazer: aparentemente essa história é muito antiga, e talvez monótona. Mas estamos solenes. As mães olham os que nasceram. Os pais tomam conhaque e providências. O mundo continua.

O que talvez nos perturba um pouco é esse sentimento da continuação do mundo. Esses pequeninos e vagos animais sonolentos que ainda não enxergam, não ouvem, não sabem nada, e quase apenas dormem, cansados do longo trabalho de nascer – ali está o mundo continuando, insistindo na sua peleja e no seu gesto monótono. Nós todos, os homens, lhes daremos nosso recado; eles aprenderão que o céu é azul e as árvores são verdes, que o fogo queima, a água afoga, o automóvel mata, as mulheres são misteriosas e os gaturamos gostam de frutas. Nós lhes ensinaremos muitas coisas, das quais muitas erradas e outras que eles mais tarde verificarão não ter a menor importância.

Este lhes falará de Deus e santos; aquele, da conveniência geral de andar limpo, ceder o lado direito à dama e responder as cartas. Temos um baú imenso, cheio de noções e abusões, que despejaremos sobre suas cabeças. E com esses trapos de ideias e lendas eles se cobrirão, se enfeitarão, lutarão entre si, se rasgarão, se desprezarão e se amarão. Escondidas nas dobras de bandeiras e flâmulas, nós lhes transmitiremos, discretamente, nossas perplexidades e nosso amor ao vício; e lembrança de que todavia não convém deixar de ser feroz; de que o homem é o lobo do homem, a mulher é o descanso do guerreiro; frases, milhões de frases, o espetáculo começa quando você chega, um beijo na face pede-se e dá-se, se quiser ofereça a outra face, se o guerreiro descansa a mulher quer movimento, os lobos vivem em sociedades chamadas alcateias, os peixes são cardume, desculpa de amarelo é friagem e desgraça pouca é bobagem. Armados de tão maravilhosos instrumentos eles empinarão seus papagaios, trocarão suas canelas, distribuirão seus orçamentos, amarão suas mulheres, terão vontade de mandar, de matar e, de vez em quando, como nos acontece a todos, de sossegar, morrer.

Penso nessa jovem e bela mãe que tem nos braços seu primeiro filho varão. É o quadro eterno, de insuperável, solene e doce beleza, a madona e o bambino. Poderia ver ao lado, de pé, sério, o vulto do pai. Mas esse vulto é pouco nítido, quase apenas uma sombra que vai sumindo. Ele não tem mais importância. Desde seu último gemido de amor entrou em estranha agonia metafísica. Seu próprio ser já não tem mais sentido, ele o passou além. A mãe é necessária, sua agonia é mais lenta e bela, ela dará seu leite, sua própria substância, seu calor e seu beijo; e à medida que for se dando a esse novo varão, ele irá crescendo e se afirmando até deixá-la para um canto como um trapo inútil.

Honrarás pai e mãe – aconselha-nos o Senhor. Que estranho e cruel verbo Ele escolheu! Que necessidade melancólica sentiu de fazer um mandamento do que não está na força feroz da vida! Tem o verbo "honrar" um delicado sentido fúnebre.

Mas nós, os honrados e, portanto, os deixados à margem, os afastados da vida, os disfarçadamente mortos, nós reagimos com infinita crueldade. Muito devagar, e com astúcia, vamos lhes passando todo o peso de nossa longa miséria, todos os volumes inúteis que carregamos sem saber por quê, apenas porque nos deram a carregar. Afinal, isto pode ser útil: afinal, isso pode ser verdade; isto deve ser necessário, visto que existe. Tais são as desculpas de nossa malícia; no fundo apenas queremos ficar mais leves para o fim da caminhada.

Muitos desses pais vigiaram a própria saúde para não transmitir nenhum mal à próxima geração; purificaram o corpo antes de se reproduzirem. Cumpriram seu rito pré-nupcial e depois, na carne da mãe, já fecundada, prosseguiram em cuidados ternos, como se esperassem ver nascer algo de perfeito, um anjo, limpo de toda mácula.

Procuram assim, aflitamente, limpar em pouco tempo todos os longos pecados da espécie, toda a triste acumulação de males através de gerações.

Agora estão com a consciência tranquila; agora podem começar a nobre tarefa de transmitir ao novo ser o seu vício e a sua malícia, a sua tristeza e o seu desespero, todo o remorso dos pecados que não conseguiram fazer, todo o amargor das renúncias a que foram obrigados. O menino deve ser forte para aguentar a vida – esta vida que lhe deixamos de herança. Deve ser bem forte! Forremos sua alma de chumbo, seu coração de amianto.

Nascem varões neste inverno; a lua é cheia, o mar vem crescendo de fúria sob um céu azul. Mas sua fúria sagrada é impotente; nós sobreviveremos: o mundo continua. E as ondas recuam, desanimadas.

Julho, 1949

20
Negócio de menino

Tem 10 anos, é filho de um amigo, e nos encontramos na praia:

– Papai me disse que o senhor tem muito passarinho...
– Só tenho três.
– Tem coleira?
– Tenho um coleirinha.
– Virado?
– Virado.
– Muito velho?
– Virado há um ano.
– Canta?
– Uma beleza.
– Manso?
– Canta no dedo.
– O senhor vende?
– Vendo.
– Quanto?
– Dez contos.

Pausa. Depois volta:

– Só tem coleira?
– Tenho um melro e um curió.
– É melro mesmo ou é vira?
– É quase do tamanho de uma graúna.
– Deixa coçar a cabeça?
– Claro. Come na mão...

– E o curió?

– É muito bom curió.

– Por quanto o senhor vende?

– Dez contos.

Pausa.

– Deixa mais barato...

– Para você, 6 contos.

– Com a gaiola?

– Sem a gaiola.

Pausa.

– E o melro?

– O melro eu não vendo.

– Como se chama?

– Brigitte.

– Uai, é fêmea?

– Não. Foi a empregada que botou o nome. Quando ela fala com ele, ele se arrepia todo, fica todo despenteado, então ela diz que é Brigitte.

Pausa.

– O coleira o senhor também deixa por 6 contos?

– Deixo por 8 contos.

– Com a gaiola?

– Sem a gaiola.

Longa pausa. Hesitação. A irmãzinha o chama de dentro d'água. E, antes de sair correndo, propõe, sem me encarar:

– O senhor não me dá um passarinho de presente, não?

Março, 1964

21
Conversa de compra de passarinho

Entro na venda para comprar uns anzóis, e o velho está me atendendo quando chega um menino da roça com um burro e dois balaios de lenha. Fica ali, parado, esperando. O velho parece que não o vê, mas afinal olha as achas com desprezo e pergunta: "Quanto?" O menino hesita, coçando o calcanhar de um pé com o dedo de outro: "Quarenta." O homem da venda não responde, vira a cara. Aperta mais os olhos miúdos para separar os anzóis pequenos que eu pedi. Eu me interesso pelo coleiro do brejo que está cantando. O velho:

– Esse coleiro é especial. Eu tinha aqui um gaturamo que era uma beleza, mas morreu ontem; é um bicho que morre à toa.

Um pescador de bigodes brancos chega-se ao balcão, murmura alguma coisa; o velho lhe serve cachaça, recebe, dá o troco, volta-se para mim: "O senhor quer chumbo também?" Compro uma chumbada, alguns metros de linha. Subitamente ele se dirige ao menino da lenha:

– Quer 25, pode botar lá dentro.

O menino abaixa a cabeça, calado. Pergunto:

– Quanto é o coleiro?

– Ah, esse não tenho para venda, não...

Sei que o velho está mentindo; ele seria incapaz de ter um coleiro se não fosse para venda; miserável como é, não iria gastar alpiste e farelo em troca de cantorias. Eu me desinteresso. Peço uma cachaça. Puxo o dinheiro para pagar minhas compras. O menino murmura: "O senhor dá 30..." O velho cala-se, minha nota na mão:

– Quanto é que o senhor dá pelo coleiro?

Fico calado algum tempo. Ele insiste: "O senhor diga..." Viro a minha cachaça, fico apreciando o coleiro.

– Não quer 25, vá embora, menino.

Sem responder, o menino cede. Carrega as achas de lenha lá para os fundos, recebe o dinheiro, monta no burro, vai-se. Foi no mato cortar pau, rachou cem achas, carregou o burro, trotou léguas até chegar aqui, levou 25 cruzeiros. Tenho vontade de vingá-lo:

– Passarinho dá muito trabalho...

O velho atende outro freguês, lentamente.

– O senhor querendo dar 500 cruzeiros, é seu.

Por trás dele o pescador de bigodes brancos me faz sinal para não comprar. Finjo espanto: "QUINHENTOS cruzeiros?"

– Ainda a semana passada eu rejeitei 600 por ele. Esse coleiro é muito especial.

Completamente escravo do homem, o coleirinho põe-se a cantar, mostrando suas especialidades. Faço uma pergunta sorna: "Foi o senhor quem pegou ele?" O homem responde: "Não tenho tempo para pegar passarinho."

Sei disso. Foi um menino descalço, como aquele da lenha. Quanto terá recebido esse menino desconhecido por aquele coleiro especial?

– No Rio eu compro um papa-capim mais barato...

– Mas isso não é papa-capim. Se o senhor conhece passarinho, o senhor está vendo que coleiro é esse.

– Mas QUINHENTOS cruzeiros?

– Quando é que o senhor oferece?

Acendo um cigarro. Peço mais uma cachacinha. Deixo que ele atenda um freguês que compra bananas. Fico mexendo com o pedaço de chumbo. Afinal digo com a voz fria, seca: "Dou 200 pelo coleiro, 50 pela gaiola."

O velho faz um ar de absoluto desprezo. Peço meu troco, ele me dá. Quando vê que vou saindo mesmo, tem um gesto de desprendimento: "Por 300 cruzeiros o senhor leva tudo."

Ponho minhas coisas no bolso. Pergunto onde é que fica a casa de Simeão pescador, um zarolho. Converso um pouco com o pescador de bigodes brancos, me despeço.

– O senhor não leva o coleiro?

Seria inútil explicar-lhe que um coleiro-do-brejo não tem preço. Que o coleiro-do-brejo é, ou devia ser, um pequeno animal sagrado e livre, como aquele menino da lenha, como aquele burrinho magro e triste do menino. Que daqui a uns anos quando ele, o velho, estiver rachando lenha no Inferno, o burrinho, o menino e o coleiro vão entrar no Céu – trotando, assobiando e cantando de pura alegria.

Novembro, 1951

22
O afogado

Não, não dá pé. Ele já se sente cansado, mas compreende que ainda precisa nadar um pouco. Dá cinco ou seis braçadas, e tem a impressão de que não saiu do lugar. Pior: parece que está sendo arrastado para fora. Continua a dar braçadas, mas está exausto.

A força dos músculos esgotou-se; sua respiração está curta e opressa. É preciso ter calma. Vira-se de barriga para cima e tenta se manter assim, sem exigir nenhum esforço dos braços doloridos. Mas sente que uma onda grande se aproxima. Mal tem tempo para voltar-se e enfrentá-la. Por um segundo pensa que ela vai desabar sobre ele, e consegue dar duas braçadas em sua direção. Foi o necessário para não ser colhido pela arrebentação; é erguido, e depois levado pelo repuxo. Talvez pudesse tomar pé, ao menos por um instante, na depressão da onda que passou. Experimenta: não. Essa tentativa frustrada irrita-o e cansa-o. Tem dificuldade de respirar, e vê que já vem outra onda. Seria melhor talvez mergulhar, deixar que ela passe por cima ou o carregue; mas não consegue controlar a respiração e fatalmente engoliria água; com o choque perderia os sentidos. É outra vez suspenso pela água e novamente se deita de costas, na esperança de descansar um pouco os músculos e regular a respiração; mas vem outra onda imensa. Os braços negam-se a qualquer esforço; agita as pernas para se manter na superfície e ainda uma vez consegue escapar à arrebentação.

Está cada vez mais longe da praia, e alguma coisa o assusta: é um grito que ele mesmo deu sem querer e parou no meio, como se o principal perigo fosse gritar. Tem medo de engolir água, mas tem medo principalmente daquele seu próprio grito rouco e interrompido. Pensa rapidamente que, se não for socorrido, morrerá; que, apesar da praia estar cheia nessa manhã de sábado, o banhista da Prefeitura já deve ter ido embora; o horário agora é de morrer, e não de ser salvo. Olha a praia e as pedras; vê muitos rapazes e moças, tem a impressão de que alguns o olham com indiferença. Terão ouvido seu grito? A imagem que retém melhor é a de um rapazinho que, sentado na pedra, procura tirar algum espeto do pé.

A ideia de que precisará ser salvo incomoda-o muito; desagrada-lhe violentamente, e resolve que de maneira alguma pedirá socorro, mesmo porque naquela aflição já acha que ele não chegaria a tempo. Pensa insistentemente isto: calma, é preciso ter calma. Não apenas para salvar-se, ao menos para morrer direito, sem berraria nem escândalo. Passa outra onda, mais fraca; mas assim mesmo ela rebenta com estrondo. Resolve que é melhor ficar ali fora do que ser colhido por uma onda: com certeza, tendo perdido as forças, quebraria o pescoço jogado pela água no fundo. Sua respiração está intolerável, acha que o ar não chega a penetrar nos pulmões, vai só até a garganta e é expelido com aflição; tem uma dor nos ombros; sente-se completamente fraco.

Olha ainda para as pedras, e vê aquela gente confusamente; a água lhe bate nos olhos. Percebe, entretanto, que a água o está levando para o lado das pedras. Uma onda mais forte pode arremessá-lo contra o rochedo; mas, apesar de tudo, essa ideia lhe agrada. Sim, ele prefere ser lançado contra as pedras, ainda que se arrebente todo. Esforça-se na direção do lugar de onde saltou, mas acha longe demais; de súbito, reflete que à sua esquerda deve haver também uma ponta de pedras. Olha. Sente-se tonto e pensa: vou desmaiar. Subitamente, faz gestos desordenados e isso o assusta ainda mais; então reage e resolve, com uma espécie de frieza feroz, que não fará mais esses movimentos idiotas, haja o que houver; isso é pior do que tudo, essa epilepsia de afogado. Sente-se um animal vencido que vai morrer, mas está frio e disposto a lutar, mesmo sem qualquer força; lutar ao menos com a cabeça; não se deixará enlouquecer pelo medo.

Repara, então, que, realmente, está agora perto de uma pedra, coberta de mariscos negros e grandes. Pensa: é melhor que venha uma onda fraca; se vier uma muito forte, serei jogado ali, ficarei todo cortado, talvez bata com a cabeça na pedra ou não consiga me agarrar nela; e se não conseguir me agarrar da primeira vez, não terei mais nenhuma chance.

Sente, pelo puxão da água atrás de si, que uma onda vem, mas não olha para trás. Muda de ideia; se não vier uma onda bem forte, não atingirá a pedra. Junta todos os restos de forças; a onda vem. Vê então que foi jogado sobre a pedra sem se ferir; talvez instintivamente tivesse usado sua experiência de menino, naquela praia onde passava as férias, e se acostumara a nadar até uma ilhota de pedra também coberta de mariscos. Vê que alguém, em uma pedra mais alta, lhe faz sinais nervosos para que saia dali, está em um lugar perigoso. Sim, sabe que está em um lugar perigoso, uma onda pode cobri-lo e arrastá-lo, mas o aviso o irrita; sabe um pouco melhor do que aquele sujeito o que é morrer e o que é salvar-se, e demora ainda um segundo para se erguer, sentindo um prazer extraordinário em estar deitado na pedra, apesar do risco. Quando chega à praia e senta na areia está sem poder respirar, mas sente mais vivo do que antes o medo do perigo que passou.

"Gastei-me todo para salvar-me", pensa, meio tonto; "não valho mais nada." Deita-se com a cabeça na areia e confusamente ouve a conversa de uma barraca perto, gente discutindo uma fita de cinema. Murmura, baixo, um palavrão para eles; sente-se superior a eles, uma idiota superioridade de quem não morreu, mas podia perfeitamente estar morto, e portanto nesse caso não teria a menor importância, seria até ridículo de seu ponto de vista tudo o que se pudesse discutir sobre uma fita de cinema. O mormaço lhe dá no corpo inteiro um infinito prazer.

Rio, novembro, 1949

23
O telefone

Honrado Senhor Diretor da Companhia Telefônica:

Quem vos escreve é um desses desagradáveis sujeitos chamados assinantes; e do tipo mais baixo: dos que atingiram essa qualidade depois de uma longa espera na fila.

Não venho, senhor, reclamar nenhum direito. Li o vosso Regulamento e sei que não tenho direito a coisa alguma, a não ser a pagar a conta. Esse Regulamento, impresso na página 1 de vossa interessante Lista (que é meu livro de cabeceira), é mesmo uma leitura que recomendo a todas as almas cristãs que tenham, entretanto, alguma propensão para o orgulho ou soberba. Ele nos ensina a ser humildes; ele nos mostra quanto nós, assinantes, somos desprezíveis e fracos.

Aconteceu por exemplo, senhor, que outro dia um velho amigo deu-me o prazer de me fazer uma visita. Tomamos uma modesta cerveja e falamos de coisas antigas – mulheres que brilharam outrora, madrugadas d'antanho, flores doutras primaveras. Ia a conversa quente e cordial ainda que algo melancólica, tal soem ser as parolas vadias de cupinchas velhos – quando o telefone tocou. Atendi. Era alguém que queria falar ao meu amigo. Um assinante mais leviano teria chamado o amigo para falar. Sou, entretanto, um severo respeitador do Regulamento; em vista do que comuniquei ao meu amigo que alguém lhe queria falar, o que infelizmente eu não podia permitir; estava, entretanto, disposto a tomar e transmitir qualquer recado. Irritou-se o amigo, mas fiquei inflexível, mostrando-lhe o artigo 2 do Regulamento, segundo o qual o aparelho instalado em minha casa só pode ser usado "pelo assinante, pessoas de sua família, seus representantes ou empregados".

Devo dizer que perdi o amigo, mas salvei o Respeito ao Regulamento; *dura lex sed lex*; eu sou assim. Sei também (artigo 4) que se minha casa pegar fogo terei de vos pagar o valor do aparelho – mesmo que esse incêndio (artigo 9) seja motivado por algum circuito organizado pelo empregado da Companhia com o material da Companhia. Sei finalmente (artigo 11) que se, exausto de telefonar do botequim da esquina a essa distinta Companhia para dizer que meu aparelho não funciona, eu vos chamar e vos disser, com lealdade e com as únicas expressões adequadas, o meu pensamento, ficarei eternamente sem telefone, pois "o uso de linguagem obscena constituirá motivo suficiente para a Companhia desligar e retirar o aparelho".

Enfim, senhor, eu sei tudo; que não tenho direito a nada, que não valho nada, não sou nada. Há dois dias meu telefone não fala, nem ouve, nem toca, nem tuge, nem muge. Isso me trouxe, é certo, um certo sossego ao lar. Porém amo, senhor, a voz humana; sou uma dessas criaturas tristes e sonhadoras que passa a vida esperando que de repente a Rita Hayworth me telefone para dizer que o Ali Khan morreu e ela está ansiosa para gastar com o velho Braga o dinheiro de sua herança, pois me acha muito simpático e insinuante, e confessa que em Paris muitas vezes se escondeu em uma loja defronte do meu hotel só para me ver entrar ou sair.

Confesso que não acho tal coisa provável: o Ali Khan ainda é moço, e Rita não tem o meu número. Mas é sempre doloroso pensar que se tal coisa acontecesse eu jamais saberia – porque meu aparelho não funciona. Pensai nisso, senhor: pensai em todo o potencial tremendo de perspectivas azuis que morre diante de um telefone que dá sempre sinal de ocupado – *cuém cuém cuém* – quando na verdade está quedo e mudo na minha modesta sala de jantar. Falar nisso, vou comer; são horas. Vou comer contemplando tristemente o aparelho silencioso, essa esfinge de matéria plástica; é na verdade algo que supera o rádio e a televisão, pois transmite não sons nem imagens, mas sonhos errantes no ar.

Mas batem à porta. Levanto o escuro garfo do magro bife e abro. Céus, é um empregado da Companhia! Estremeço de emoção. Mas ele me estende um papel: é apenas o cobrador. Volto ao bife, curvo a cabeça, mastigo devagar, como se estivesse mastigando meus pensamentos, a longa tristeza de minha humilde vida, as decepções e remorsos. O telefone continuará mudo; não importa: ao menos é certo, senhor, que não vos esquecestes de mim.

Março, 1951

24
Os jornais

Meu amigo lança fora, alegremente, o jornal que está lendo e diz:

– Chega! Houve um desastre de trem na França, um acidente de mina na Inglaterra, um surto de peste na Índia. Você acredita nisso que os jornais dizem? Será o mundo assim, uma bola confusa, onde acontecem unicamente desastres e desgraças? Não! Os jornais é que falsificam a imagem do mundo. Veja por exemplo aqui: em um subúrbio, um sapateiro matou a mulher que o traía. Eu não afirmo que isso seja mentira. Mas acontece que o jornal escolhe os fatos que noticia. O jornal quer fatos que sejam notícias, que tenham conteúdo jornalístico. Vejamos a história desse crime. "Durante os três primeiros anos o casal viveu imensamente feliz..." Você sabia disso? O jornal nunca publica uma nota assim:

"Anteontem, cerca de nove da noite, na rua Arlinda, no Méier, o sapateiro Augusto Ramos, de 28 anos, casado com a senhora Deolinda Brito Ramos, de 23 anos de idade, aproveitou-se de um momento em que sua consorte erguia os braços para segurar uma lâmpada para abraçá-la alegremente, dando-lhe beijos na garganta e na face, culminando em um beijo na orelha esquerda. Em vista disso, a senhora em questão voltou-se para o seu marido, beijando-o longamente na boca e murmurando as seguintes palavras: 'Meu amor', ao que ele retorquiu: 'Deolinda'. Na manhã seguinte, Augusto Ramos foi visto saindo de sua residência às sete e quarenta e cinco da manhã, isto é, dez minutos mais tarde do que o habitual, pois se demorou, a pedido de sua esposa, para consertar a gaiola de um canário-da-terra de propriedade do casal."

— A impressão que a gente tem, lendo os jornais – continuou meu amigo – é que "lar" é um local destinado principalmente à prática de "uxoricídio". E dos bares, nem se fala. Imagine isto:

"Ontem, cerca de dez horas da noite, o indivíduo Ananias Fonseca, de 28 anos, pedreiro, residente à Rua Chiquinha, sem número, no Encantado, entrou no bar 'Flor Mineira', à Rua Cruzeiro, 524, em companhia de seu colega Pedro Amâncio de Araújo, residente no mesmo endereço. Ambos entregaram-se a fartas libações alcoólicas e já se dispunham a deixar o botequim quando apareceu Joca de tal, de residência ignorada, antigo conhecido dos dois pedreiros, e que também estava visivelmente alcoolizado. Dirigindo-se aos dois amigos, Joca manifestou desejo de sentar-se à sua mesa, no que foi atendido. Passou então a pedir rodadas de conhaque, sendo servido pelo empregado do botequim, Joaquim Nunes. Depois de várias rodadas, Joca declarou que pagaria toda a despesa. Ananias e Pedro protestaram, alegando que eles já estavam na mesa antes. Joca, entretanto, insistiu, seguindo-se uma disputa entre os três homens, que terminou com a intervenção do referido empregado, que aceitou a nota que Joca lhe estendia. No momento em que trouxe o troco, o garçom recebeu uma boa gorjeta, pelo que ficou contentíssimo, o mesmo acontecendo aos três amigos, que se retiraram do bar alegremente, cantarolando sambas. Reina a maior paz no subúrbio do Encantado, e a noite foi bastante fresca, tendo dona Maria, sogra do comerciário Adalberto Ferreira, residente à Rua Benedito, 14, senhora que sempre foi muito friorenta, chegado a puxar o cobertor, tendo depois sonhado que seu netinho lhe oferecia um pedaço de goiabada."

E meu amigo:

– Se um repórter redigir essas duas notas e levá-las a um secretário de redação, será chamado de louco. Porque os jornais noticiam tudo, tudo menos uma coisa tão banal de que ninguém se lembra: a vida...

Maio, 1951

25
Os amantes

Nos dois primeiros dias, sempre que o telefone tocava, um de nós dois esboçava um movimento, um gesto de quem vai atender.

Mas o gesto era cortado no ar. Ficávamos imóveis, ouvindo a campainha bater, silenciar, bater outra vez. Havia um certo susto, como se aquele trinado repetido fosse uma acusação, um gesto agudo nos apontando. Era preciso que ficássemos imóveis, talvez respirando com mais cuidado até que o aparelho silenciasse.

Então tínhamos um suspiro de alívio. Havíamos vencido mais uma vez os nossos inimigos. Nossos inimigos era toda a população da cidade imensa, que transitava lá fora nos veículos dos quais nos chegava apenas um estrondo distante de bondes, a sinfonia abafada das buzinas, às vezes o ruído do elevador. Sabíamos quando alguém parava o elevador em nosso andar; tínhamos o ouvido apurado, pressentíamos os passos na escada antes que eles se aproximassem. A sala da frente estava sempre de luz apagada. Sentíamos, lá fora, o emissário do inimigo. Esperávamos, quietos. Um segundo, dois – e a campainha da porta batia, alto, rascante. Ali, a dois metros, atrás da porta escura, estava respirando e esperando um inimigo. Se abríssemos, ele – fosse quem fosse – nos lançaria um olhar, diria alguma coisa – e então o nosso mundo estaria invadido.

No segundo dia ainda hesitamos; mas resolvemos deixar que o pão e o leite ficassem lá fora; o jornal era remetido por baixo da porta, mas nenhum de nós o recolhia. Nossas provisões eram pequenas; no terceiro dia já tomávamos café sem açúcar, no quarto a despensa estava praticamente vazia. No apartamento mal iluminado, íamos emagrecendo de felicidade, devíamos estar ficando pálidos, e às vezes, unidos, olhos nos olhos, nos perguntávamos se tudo não era um sonho; o relógio parara, havia apenas aquela tênue claridade que vinha das janelas sempre fechadas; mais tarde essa luz do dia distante, do dia dos outros, ia se perdendo, e então era apenas uma pequena lâmpada no chão que projetava nossas sombras nas paredes do quarto e vagamente escoava pelo corredor, lançava ainda uma penumbra confusa na sala, onde não íamos jamais.

Pouco falávamos: se o inimigo estivesse escutando às nossas portas, mal ouviria vagos murmúrios; e a nossa felicidade imensa era ponteada de alegrias menores e inocentes, a água forte e grossa do chuveiro, a fartura festiva de toalhas limpas, de lençóis de linho.

O mundo ia pouco a pouco desistindo de nós; o telefone batia menos e a campainha da porta quase nunca. Ah, nós tínhamos vindo de muito e muito amargor, muita hesitação, longa tortura e remorso; agora a vida era nós dois, e o milagre se repetia tão quieto e perfeito como se fosse ser assim eternamente.

Sabíamos estar condenados; os inimigos, os outros, o resto da população do mundo nos esperava para lançar seus olhares, dizer suas coisas, ferir com sua maldade ou sua tristeza o nosso mundo, nosso pequeno mundo que ainda podíamos defender um dia ou dois, nosso mundo trêmulo de felicidade, sonâmbulo, irreal, fechado, e tão louco e tão bobo e tão bom como nunca mais, nunca mais haverá.

NO OITAVO DIA sentimos que tudo conspirava contra nós. Que importa a uma grande cidade que haja um apartamento fechado em alguns de seus milhares de edifícios; que importa que lá dentro não haja ninguém, ou que um homem e uma mulher ali estejam, pálidos, se movendo na penumbra como dentro de um sonho?

Entretanto, a cidade, que durante uns dois ou três dias parecia nos haver esquecido, voltava subitamente a atacar. O telefone tocava, batia 10, 15 vezes, calava-se alguns minutos, voltava a chamar; e assim três, quatro vezes sucessivas.

Alguém vinha e apertava a campainha; esperava; apertava outra vez, experimentava a maçaneta da porta; batia com os nós dos dedos, cada vez mais forte, como se tivesse certeza de que havia alguém lá dentro. Ficávamos quietos, abraçados, até que o desconhecido se afastasse, voltasse para a rua, para a sua vida, nos deixasse em nossa felicidade que fluía num encantamento constante.

Eu sentia dentro de mim, doce, essa espécie de saturação boa, como um veneno que tonteia, como se meus cabelos já tivessem o cheiro de seus cabelos, se o cheiro de sua pele tivesse entrado na minha. Nossos corpos tinham chegado a um entendimento que era além do amor, eles tendiam a se parecer no mesmo repetido jogo lânguido, e uma vez que, sentado de frente para a janela, por onde se filtrava um eco pálido de luz, eu a contemplava tão pura e nua, ela disse: “meu Deus, seus olhos estão esverdeando.”

Nossas palavras baixas eram murmuradas pela mesma voz, nossos gestos eram parecidos e integrados, como se o amor fosse um longo ensaio para que um movimento chamasse outro; inconscientemente compúnhamos esse jogo de um ritmo imperceptível, como um lento, lento bailado.

Mas naquela manhã ela se sentiu tonta, e senti também minha fraqueza; resolvi sair, era preciso dar uma escapada para obter víveres; vesti-me lentamente, calcei os sapatos como quem faz algo de estranho; que horas seriam?

Quando cheguei à rua e olhei, com um vago temor, um sol extraordinariamente claro me bateu nos olhos, na cara, desceu pela minha roupa, senti vagamente que aquecia meus sapatos. Fiquei um instante parado, encostado à parede, olhando aquele movimento sem sentido, aquelas pessoas e veículos irreais que se cruzavam; tive uma tonteira, e uma sensação dolorosa no estômago.

Houve um grande caminhão vendendo uvas, pequenas uvas escuras; comprei 5 quilos, o homem fez um grande embrulho de jornal; voltei carregando aquele embrulho de encontro ao peito, como se fosse a minha salvação.

E levei dois, três minutos, na sala de janelas absurdamente abertas, diante de um desconhecido, para compreender que o milagre acabara; alguém viera e batera à porta, e ela abrira pensando que fosse eu, e então já havia também o carteiro querendo recibo de uma carta registrada e, quando o telefone bateu, foi preciso atender, e o nosso mundo foi invadido, atravessado, desfeito, perdido para sempre – senti que ela me disse isso num instante, num olhar entretanto lento (achei seus olhos muito claros, há muito tempo não os via assim, em plena luz), um olhar de apelo e de tristeza, onde, entretanto, ainda havia uma inútil, resignada esperança.

Julho, 1952

26
A primeira mulher do Nunes

Hoje, pela volta do meio-dia, fui tomar um táxi naquele ponto da Praça Serzedelo Correia, em Copacabana. Quando me aproximava do ponto notei uma senhora que estava sentada em um banco, voltada para o jardim; nas extremidades do banco estavam sentados dois choferes, mas voltados em posição contrária, de frente para o restaurante da esquina. Enquanto caminhava em direção a um carro, reparei, de relance, na senhora. Era bonita e tinha ar de estrangeira; vestia-se com muita simplicidade, mas seu vestido era de um linho bom e as sandálias cor de carne me pareceram finas. De longe podia parecer amiga de um dos motoristas; de perto, apesar da simplicidade de seu vestido, sentia-se que nada tinha a ver com nenhum dos dois. Só o fato de ter se sentado naquele banco já parecia indicar tratar-se de uma estrangeira, e não sei por que me veio a ideia de que era uma senhora que nunca viveu no Rio, talvez estivesse em seu primeiro dia de Rio de Janeiro, entretida em ver as árvores, o movimento da praça, as crianças que brincavam, as babás que empurravam carrinhos. Pode parecer exagero que eu tenha sentido isso tudo de relance, mas a impressão que tive é que ela tinha a pele e os cabelos muito bem tratados para não ser uma senhora rica ou pelo menos de certa posição; deu-me a impressão de estar fruindo um certo prazer em estar ali, naquele ambiente popular, olhando as pessoas com um ar simpático e vagamente divertido; foi o que me pareceu no rápido instante em que nossos olhares se encontraram.

Como o primeiro chofer da fila alegasse que preferia um passageiro para o Centro, pois estava na hora de seu almoço, e os dois carros seguintes não tivessem nenhum chofer aparente, caminhei um pouco para tomar o que estava em quarto lugar. Tive a impressão de que a senhora se voltara para me olhar. Quando tomei o carro e fiquei novamente de frente para ela, e enquanto eu murmurava para o chofer o meu rumo – Ipanema – notei que ela desviava o olhar; o carro andara apenas alguns metros e, tomado de um pressentimento, eu disse ao chofer que parasse um instante. Ele obedeceu. Olhei para a senhora, mas ela havia voltado completamente a cabeça. Mandei tocar, mas enquanto o velho táxi rolava lentamente ao longo da praia eu fui possuído pela certeza súbita e insistente de que acabara de ver a primeira mulher do Nunes.

– VOCÊ PRECISA CONHECER a primeira mulher do Nunes – me disse uma vez um amigo.

– Você precisa conhecer a primeira mulher do Nunes – me disse outra vez outro amigo.

Isso aconteceu há alguns anos, em São Paulo, durante os poucos meses em que trabalhei com o Nunes. Eu conhecera sua segunda mulher, uma morena bonitinha, suave, quieta – pois ele me convidara duas vezes a jantar em sua casa. Nunca me falara de sua primeira mulher, nem sequer de seu primeiro casamento. O Nunes era pessoa de certo destaque em sua profissão e afinal de contas um homem agradável, embora não brilhante; notei, entretanto, que sempre que alguém me falava dele era inevitável uma referência à sua primeira mulher.

Um casal meu amigo, que costumava passar os fins de semana em uma fazenda, convidou-me certa vez a ir com eles e mais um pequeno grupo. Aceitei, mas no sábado fui obrigado a telefonar dizendo que não podia ir. Segunda-feira, o amigo que me convidara me disse:

– Foi pena você não ir. Pegamos um tempo ótimo e o grupo estava divertido. Quem perguntou muito por você foi a Marissa.

– Quem?

– A primeira mulher do Nunes.

– Mas eu não a conheço...

– Sei, mas eu havia dito a ela que você ia. Ela estava muito interessada em conhecer você.

A essa altura eu já sabia várias coisas a respeito da primeira mulher do Nunes; que era linda, inteligente, muito interessante, um pouco estranha, judia italiana, rica, tinha os cabelos castanhos-claros e os olhos verdes e uma pele maravilhosa – "parece que está sempre fresquinha, saindo do banho", segundo a descrição que eu ouvira.

Quando dei de mim eu estava, da maneira mais ingênua, mais tola, mais veemente, apaixonado pela primeira mulher do Nunes. Devo dizer que nessa ocasião eu emergia de um caso sentimental arrasador – um caso que mais de uma vez chegou ao drama e beirou a tragédia e em que eu mesmo, provavelmente, mais de uma vez, passei os limites do ridículo. Eu vivia sentimentalmente uma hora parda, vazia, feita de tédio e de remorso; a lembrança da história que passara me doía um pouco e me amargava muito. Além disso minha situação não era boa; alguns amigos achavam – e um teve a franqueza de me dizer isso, quando bêbado – que eu estava decadente em minha profissão. Outros diziam que eu estava bebendo demais. Enfim, tempos ruins, de moral baixa, e ainda por cima de pouco dinheiro e pequenas dívidas mortificantes. Naturalmente eu me distraía com uma ou outra historieta de amor, mas saía de cada uma ainda mais entediado. A imagem da primeira mulher do Nunes começou a aparecer-me como a última esperança, a única estrela a brilhar na minha frente. Esse sentimento era mais ou menos inconsciente, mas tomei consciência aguda dele quando soube que ela ganhara uma bolsa esplêndida para passar seis meses nos Estados Unidos. Senti-me como que roubado, traído pelo governo norte-americano. Mas a notícia veio com um convite – para o jantar de despedida da primeira mulher do Nunes.

ISSO ACONTECEU há quatro ou cinco anos. Mudei-me de São Paulo, fiz algumas viagens, resolvi parar mesmo no Rio – e naturalmente me aconteceram coisas. Nunca mais vi o Nunes. Aliás, nos últimos tempos de nossas relações, eu me distanciara dele por um absurdo constrangimento, o pudor pueril do que ele pudesse pensar no dia em que soubesse que entre mim e sua primeira mulher... Na realidade nunca houve nada entre nós dois; nunca sequer nos avistamos. Uma banal gripe me impediu de ir ao jantar de despedida; depois eu soube que sua bolsa fora prorrogada, depois ouvi alguém dizer que a encontrara em Paris – enfim, a primeira mulher do Nunes ficou sendo um mito, uma estrela perdida para sempre em remotos horizontes e que jamais cheguei a avistar.

Talvez fosse mesmo ela que estivesse pousada hoje, pelo meio-dia, na Praça Serzedelo Correia, simples, linda e tranquila. Assim era a imagem que eu fazia dela; e tive a impressão de que seu rápido olhar vagamente cordial e vagamente irônico tentava me dizer alguma coisa, talvez contivesse uma espantosa e cruel mensagem: "eu sei quem é você; eu sou Marissa, a primeira mulher do Nunes; mas nosso destino é não nos conhecermos jamais..."

Outubro, 1957

27
Lembrança de um braço direito

É um caso banal, tanto que muitas vezes já ouvi contar essa história: "Ontem, quando chegamos a São Paulo, o tempo estava tão fechado que não pudemos descer. Ficamos mais de uma hora rodando dentro do nevoeiro porque o teto estava muito baixo..."

Mas ando pelo chão há muito tempo: chão perigoso, onde há pedras e buracos para um homem já escalavrado e já afundado; porém chão. Subi ao avião com indiferença, e como o dia não estava bonito lancei apenas um olhar distraído a esta cidade do Rio de Janeiro e mergulhei na leitura de um jornal qualquer. Depois fiquei a olhar pela janela e não via mais que nuvens, e feias. Na verdade, não estava no céu; pensava coisas da terra, minhas pobres, pequenas coisas. Uma aborrecida sonolência foi me dominando, até que uma senhora nervosa ao meu lado disse que "nós não podemos descer!". O avião já estava fazendo sua ronda dentro de um nevoeiro fechado. Procurei acalmar a senhora.

Ela estava tão aflita que embora fizesse frio se abanava com uma revista. Tentei convencê-la de que não devia se abanar, mas acabei achando que era melhor que o fizesse. Ela precisava fazer alguma coisa e a única providência que aparentemente podia tomar naquele momento de medo era se abanar. Ofereci-lhe meu jornal dobrado, no lugar da revista, e ficou muito grata, como se acreditasse que, produzindo mais vento, adquirisse a maior eficiência na sua luta contra a morte.

Gastei cerca de meia hora com a aflição daquela senhora. Notando que uma amiga sua estava em outra poltrona, ofereci-me para trocar de lugar e ela aceitou. Mas esperei inutilmente que recolhesse as pernas para que eu pudesse sair de meu lugar junto à janela; acabou confessando que assim mesmo estava bem, e preferia ter um homem – "o senhor" – ao lado. Isso lisonjeou meu orgulho de cavalheiro: senti-me útil e responsável. Era por estar ali um Braga, homem decidido, que aquele avião não ousava cair. Havia certamente piloto e copiloto e vários homens no avião. Mas eu era o homem ao lado, o homem visível, próximo, que ela podia tocar. E era nisso que ela confiava: nesse ser de casimira grossa, de gravata, de bigode, a cujo braço acabou se agarrando. Não era o meu braço que apertava, mas um braço de homem, ser de misteriosos atributos de força e proteção.

Chamei a aeromoça, que tentou acalmar a senhora com biscoitos, chicles, cafezinho, palavras de conforto, mão no ombro, algodão nos ouvidos, e uma voz suave e firme que às vezes continha uma leve repreensão e às vezes se entremeava de um sorriso que sem dúvida faz parte do regulamento da aeronáutica civil, o chamado sorriso para ocasiões de teto baixo.

Mas de que vale uma aeromoça? Ela não é muito convincente; é uma funcionária. A senhora evidentemente a considerava uma espécie de cúmplice do avião e da empresa, e no fundo (pelo ressentimento com que reagia às suas palavras) responsável por aquele nevoeiro perigoso.

A moça em uniforme estava sem dúvida lhe escondendo a verdade e dizendo palavras hipócritas para que ela se deixasse matar sem reagir.

A única pessoa de confiança era evidentemente eu: e aquela senhora, que no aeroporto tinha um certo ar desdenhoso e solene, disse duas malcriações para a aeromoça e se agarrou definitivamente a mim. Animei-me então a pôr a minha mão direita sobre a sua mão, que me apertava o braço. Esse gesto de carinho protetor teve um efeito completo: ela deu um profundo suspiro de alívio, cerrou os olhos, pendeu a cabeça ligeiramente para o meu lado e ficou imóvel, quieta. Era claro que a minha mão a protegia contra tudo e todos: ficou como adormecida.

O avião continuava a rodar monotonamente dentro de uma nuvem escura; quando ele dava um salto mais brusco eu fornecia à pobre senhora uma garantia suplementar apertando ligeiramente a minha mão sobre a sua: isso sem dúvida lhe fazia bem.

Voltei a olhar tristemente pela vidraça; via a asa direita, um pouco levantada, no meio do nevoeiro. Como a senhora não me desse mais trabalho, e o tempo fosse passando, recomecei a pensar em mim mesmo, triste e fraco assunto.

E de repente me veio a ideia de que na verdade não podíamos ficar eternamente com aquele motor roncando no meio do nevoeiro – e de que eu podia morrer.

Estávamos há muito tempo sobre São Paulo. Talvez chovesse lá embaixo; de qualquer modo a grande cidade, invisível e tão próxima, vivia sua vida indiferente àquele ridículo grupo de homens e mulheres presos dentro de um avião, ali no alto.

Pensei em São Paulo e no rapaz de 20 anos que chegou com 30 mil-réis no bolso uma noite e saiu andando pelo antigo Viaduto do Chá, sem conhecer uma só pessoa na cidade estranha. Nem aquele velho viaduto existe mais, e o aventuroso rapaz de 20 anos, calado e lírico, é um triste senhor que olha o nevoeiro e pensa na morte.

Outras lembranças me vieram, e me ocorreu que na hora da morte, segundo dizem, a gente se lembra de uma porção de coisas antigas, doces ou tristes. Mas a visão monótona daquela asa no meio da nuvem me dava um torpor, e não pensei mais nada. Era como se o mundo atrás daquele nevoeiro não existisse mais, e por isso pouco me importava morrer. Talvez fosse até bom sentir um choque brutal e então tudo se acabar. A morte devia ser aquilo mesmo, um nevoeiro imenso, sem cor, sem forma, para sempre. Senti prazer em pensar que agora não haveria mais nada, que não seria mais preciso sentir, nem reagir, nem providenciar, nem me torturar; que todas as coisas e criaturas que tinham poder sobre mim e mandavam na minha alegria ou na minha aflição haviam se apagado e dissolvido naquele mundo de nevoeiro.

A senhora sobressaltou-se de repente e começou a me fazer perguntas, muito aflita. O avião estava descendo mais e mais e entretanto não se conseguia enxergar coisa alguma. O motor parecia estar com um som diferente: podia ser aquele o último desesperado tredo ronco do minuto antes de morrer arrebentado e retorcido. A senhora estendeu o braço direito, segurando o encosto da poltrona da frente, e de repente me dei conta de que aquela mulher de cara um pouco magra e dura tinha um belo braço, harmonioso e musculado.

Fiquei a olhá-lo devagar, desde o ombro forte e suave até as mãos de dedos longos, e me veio uma saudade extraordinária da terra, da beleza humana, da empolgante e longa tonteira do amor. Eu não queria mais morrer, e a ideia da morte me pareceu de repente tão errada, tão feia, tão absurda, que me sobressaltei. A morte era uma coisa cinzenta, escura, sem a graça, sem a delicadeza e o calor, a força macia de um braço ou de uma coxa, a suave irradiação da pele de um corpo de mulher moça.

Mãos, cabelos, corpo, músculos, seios, extraordinário milagre de coisas suaves e sensíveis, tépidas, feitas para serem infinitamente amadas. Toda a fascinação da vida me golpeou, uma tão profunda delícia e gosto de viver, uma tão ardente e comovida saudade, que retesei os músculos do corpo, estiquei as pernas, senti um leve ardor nos olhos. Não devia morrer! Aquele meu torpor de segundos atrás pareceu-me de súbito uma coisa vil, doentia, viciosa, e ergui a cabeça, olhei em volta, para os outros passageiros, como se me dispusesse afinal a tomar alguma providência.

Meu gesto pareceu inquietar a senhora. Mas olhando novamente para a vidraça adivinhei casas, um quadrado verde, um pedaço de terra avermelhada, através de um véu de neblina mais rala. Foi uma visão rápida, logo perdida no nevoeiro denso, mas me deu uma certeza profunda de que estávamos salvos porque a terra *existia*, não era um sonho distante, o mundo não era apenas nevoeiro e havia realmente tudo o que há, casas, árvores, pessoas, chão, o bom chão sólido, imóvel, onde se pode deitar, onde se pode dormir seguro e em todo sossego, onde um homem pode premer o corpo de uma mulher para amá-la com força, com toda sua fúria de prazer e todos os seus sentidos, com apoio no mundo.

No aeroporto, quando esperava a bagagem, vi a minha vizinha de poltrona. Estava com um senhor de óculos, que, com um talão de despacho na mão, pedia que lhe entregassem a sua mala. Ela disse alguma coisa a esse homem, e ele se aproximou de mim com um olhar inquiridor que tentava ser cordial. Estivera muito tempo esperando; a princípio disseram que o avião ia descer logo, era questão de ficar livre a pista; depois alguém anunciara que todos os aviões tinham recebido ordem de pousar em Campinas ou em outro campo; e imaginava quanto incômodo me dera sua senhora, sempre muito nervosa. "Ora, não senhor." Ele se despediu sem me estender a mão, como se, com aqueles agradecimentos, que fora constrangido pelas circunstâncias a fazer, acabasse de cumprir uma formalidade desagradável com relação a um estranho – que devia permanecer um estranho.

Um estranho – e de certo ponto de vista um intruso, foi assim que me senti perante aquele homem de cara meio desagradável. Tive a vaga impressão de que de certo modo o traíra, e de que ele o sentia.

Quando se retiravam, a senhora me deu um pequeno sorriso. Tenho uma tendência romântica a imaginar coisas, e imaginei que ela teve o cuidado de me sorrir quando o homem não podia notá-lo, um sorriso sem o visto marital, vagamente cúmplice. Certamente nunca mais a verei, nem o espero. Mas seu belo braço direito foi, um instante, para mim, a própria imagem da vida, e não o esquecerei depressa.

Julho, 1948

28
Neide

O céu está limpo, não há nenhuma nuvem acima de nós. O avião, entretanto, começa a dar saltos, e temos de pôr os cintos para evitar uma cabeçada na poltrona da frente. Olho pela janela: é que estamos sobrevoando de perto um grande tumulto de montanhas. As montanhas são belas, cobertas de flores; no verde-escuro há manchas de ferrugem de palmeiras, algum ouro de ipê, alguma prata de embaúba – e de súbito uma cidade linda e um rio estreito. Dizem-me que é Petrópolis.

É fácil explicar que o vento nas montanhas faz corrente para baixo e para cima, como também o ar é mais frio debaixo da leve nuvem. A um passageiro assustado o comissário diz que "isso é natural". Mas o avião, com o tranquilo conforto imóvel com que nos faz vencer milhas em segundos, havia nos tirado o sentimento do natural. Somos hóspedes da máquina. Os motores foram revistos, estão perfeitos, funcionam bem, e temos nossas passagens no bolso; tudo está em ordem. Os solavancos nos lembram de que a natureza insiste em existir, e ainda nos precipita além dela, para os reinos azuis da Metafísica. Pode o avião vencer a montanha, e desprezar as passagens antigas que a humanidade sempre trilhou. Mas sua vitória não pode ser saboreada de perto: mesmo debaixo, a montanha ainda fez sentir que existe e à menor imprudência da máquina o gigante vencido a sorverá de um hausto, e a destruirá. Assim a humilde lagoa, assim a pequena nuvem: a tudo isso somos sensíveis dentro de nosso monstro de metal.

A menina disse que era mentira, que não se via anjo nenhum nas nuvens. O homem, porém, explicou que sim, e pediu que eu confirmasse. Eu disse:

– Tem anjo sim. Mas tem muito pouco. Até agora desde que saímos eu só vi um, e assim mesmo de longe. Hoje em dia há muito poucos anjos no céu. Parece que eles se assustam com os aviões. Nessas nuvens maiores nunca se encontra nenhum. Você deve procurar nas nuvenzinhas pequenas, que ficam separadas umas das outras; é nelas que os anjos gostam de brincar. Eles voam de uma para outra.

A menina queria saber de que cor eram as asas dos anjos, e de que tamanho eles eram. O homem explicou que os anjos tinham as asas da mesma cor daquele vestidinho da menina; e eram de seu tamanho. Ela começou a duvidar novamente, mas chamamos o comissário de bordo. Ele confirmou a existência dos anjos com a autoridade de seu ofício; era impossível duvidar da palavra do comissário de bordo, que usa uniforme e voa todo dia para um lado e outro, e além disso ele tinha um argumento impressionante: "Então você não sabia que tem anjos no céu?" E perguntou se ela tinha vontade de ser anjo.

– Não.

– Que é que você quer ser?

– Aeromoça!

E começou a nos servir biscoitos; dois passageiros que estavam cochilando acordaram assustados porque ela apertou o botão que faz descer as costas das poltronas; mas depois riram e aceitaram os biscoitos.

– A Baía de Guanabara!

Começamos a descer. E quando o avião tocava o solo, naquele instante de leve tensão nervosa, ela se libertou do cinto e gritou alegremente:

– Agora tudo vai explodir!

E disse que queria sair primeiro porque estava com muita pressa, para ver as horas na torre do edifício ali perto: pois já sabia ver as horas.

Não deviam ter-lhe ensinado isso. Ela já sabe tanta coisa! As horas se juntam, fazem os dias, fazem os anos, e tudo vai passando, e os anjos depois não existem mais, nem no céu, nem na terra.

Agosto, 1953

29
A companhia dos amigos

O jogo estava marcado para as dez horas, mas começou quase onze. O time de Ipanema e Leblon tinha alguns elementos de valor, como Aníbal Machado, Vinicius de Moraes, Lauro Escorel, Carlos Echenique, o desenhista Carlos Thiré, e um cunhado do Aníbal que era um extrema-direita tão perigoso que fui obrigado a lhe dar uma traulitada na canela para diminuir-lhe o entusiasmo. Eu era beque do Copacabana e atrás de mim o guardião e pintor Di Cavalcanti. Na linha média e na atacante jogavam um tanto confusamente Augusto Frederico Schmidt, Fernando Sabino, Orígenes Lessa, Newton Freitas, Moacir Werneck de Castro, o escultor Pedrosa, o crítico Paulo Mendes Campos. Não havia juiz, o que facilitou muito a movimentação da peleja, que se desenrolou em três tempos, ficando convencionado que houve dois jogos. Copacabana venceu o primeiro por 1 a 0 (houve um gol anulado porque Di Cavalcanti declarou que passara por cima da trave; e, como não havia trave, ninguém pôde desmentir). O segundo jogo também vencemos, por 2 a 1. Esse 1 deles foi feito passando sobre o meu cadáver. Senti um golpe no joelho, outro nos rins e outro na barriga; elevei-me no ar e me abati na areia, tendo comido um pouco da mesma.

A torcida era composta de variegadas senhoras que ficavam sob as barracas e chupavam melancia. Uma saída do *center-forward* Schmidt (passando a bola gentilmente para trás, para o *center-half*) e uma defesa de Echenique foram os instantes de maior sensação.

Carlos Drummond de Andrade deixou de comparecer, assim como outros jogadores do Copacabana, como Sérgio Buarque de Holanda e Chico Assis Barbosa. Afonso Arinos de Melo Franco jogará também no próximo encontro, em que o Leblon terá o reforço de Fernando Tude e Édison Carneiro, além de Otávio Dias Leite e outros. Joel Silveira mora em Botafogo, mas como sua casa é perto do Túnel Velho jogará no Copacabana.

Assim nos divertimos nós, os cavalões, na areia. As mulheres riam de nosso "prego". Suados, exaustos de correr sob o sol terrível na areia quente e funda, éramos ridículos e lamentáveis, éramos todos profundamente derrotados. Ah, bom tempo em que eu jogava um jogo inteiro – um meia-direita medíocre mas furioso – e ainda ia para casa chutando toda pedra que encontrava no caminho.

Depois mergulhamos na água boa e ficamos ali, uns 30 homens e mulheres, rapazes e moças, a bestar e conversar na praia. Doce é a companhia dos amigos; doce é a visão das mulheres em seus maiôs, doce é a sombra das barracas; e ali ficamos debaixo do sol, junto do mar, perante as montanhas azuis. Ah, roda de amigos e mulheres, esses momentos de praia serão mais tarde momentos antigos. Um pensamento horrivelmente besta, mas doloroso. Aquele amará aquela, aqueles se separarão; uns irão para longe, uns vão morrer de repente, uns vão ficar inimigos. Um atraiçoará, outro fracassará amargamente, outro ainda ficará rico, distante e duro. E de outro ninguém mais ouvirá falar, e aquela mulher que está deitada, rindo tanto sua risada clara, o corpo molhado, será aflita e feia, azeda e triste.

E HOUVE O NATAL. Os Bragas jamais cultivaram com muito ardor o Natal; lembro-me de que o velho sempre gostava de reunir a gente num jantar, mas a verdade é que sempre faltava um ou outro no dia. Nossas grandes festas eram São João e São Pedro – em São João havia fogueira no quintal, perto do grande pé de fruta-pão, e em São Pedro, padroeiro da cidade, havia uma tremenda batalha naval aérea inesquecível de fogos de artifício. Hoje não há mais nem São João, nem São Pedro, e continua não havendo Natal. Tomei um suco de laranja e fui dormir. A cidade estava insuportável, com milhões de pessoas na rua, os caixeiros exaustos, os preços arbitrários, o comércio, com o perdão da palavra, lavando a égua, se enchendo de dinheiro. Terá nascido Cristo para todo ano dar essa enxurrada de dinheiro aos senhores comerciantes, que já em novembro começam a espreitar o pequenino berço na estrebaria com um olhar cúpido?

Atravessarei o ano na casa fraterna de Vinicius de Moraes. Estaremos com certeza bêbados e melancólicos – mas, em todo caso, meus amigos, se eu não ficar melancólico farei ao menos tudo para ficar bêbado. Como passam anos! Ultimamente têm passado muitos anos. Mas não falemos nisso.

Dezembro, 1945

30
Ai de ti, Copacabana!

1. Ai de ti, Copacabana, porque eu já fiz o sinal bem claro de que é chegada a véspera de teu dia, e tu não viste; porém minha voz te abalará até as entranhas.

2. Ai de ti, Copacabana, porque a ti chamaram Princesa do Mar, e cingiram tua fronte com uma coroa de mentiras; e deste risadas ébrias e vãs no seio da noite.

3. Já movi o mar de uma parte e de outra parte, e suas ondas tomaram o Leme e o Arpoador, e tu não viste este sinal; estás perdida e cega no meio de tuas iniquidades e de tua malícia.

4. Sem Leme, quem te governará? Foste iníqua perante o oceano, e o oceano mandará sobre ti a multidão de suas ondas.

5. Grandes são teus edifícios de cimento, e eles se postam diante do mar qual alta muralha desafiando o mar; mas eles se abaterão.

6. E os escuros peixes nadarão nas tuas ruas e a vasa fétida das marés cobrirá tua face; e o setentrião lançará as ondas sobre ti num referver de espumas qual um bando de carneiros em pânico, até morder a aba de teus morros; e todas as muralhas ruirão.

7. E os polvos habitarão os teus porões e as negras jamantas as tuas lojas de decorações; e os meros se entocarão em tuas galerias, desde Menescal até Alaska.

8. Então quem especulará sobre o metro quadrado de teu terreno? Pois na verdade não haverá terreno algum.

9. Ai daqueles que dormem em leitos de pau-marfim nas câmaras refrigeradas, e desprezam o vento e o ar do Senhor, e não obedecem à lei do verão.

10. Ai daqueles que passam em seus cadilaques buzinando alto, pois não terão tanta pressa quando virem pela frente a hora da provação.

11. Tuas donzelas se estendem na areia e passam no corpo óleos odoríferos para tostar a tez, e teus mancebos fazem das lambretas instrumentos de concupiscência.

12. Uivai, mancebos, e clamai, mocinhas, e rebolai-vos na cinza, porque já se cumpriram vossos dias, e eu vos quebrantarei.

13. Ai de ti, Copacabana, porque os badejos e as garoupas estarão nos poços de teus elevadores, e os meninos do morro, quando for chegado o tempo das tainhas, jogarão tarrafas no Canal do Cantagalo; ou lançarão suas linhas dos altos do Babilônia.

14. E os pequenos peixes que habitam os aquários de vidro serão libertados para todo o número de suas gerações.

15. Por que rezais em vossos templos, fariseus de Copacabana, e levais flores para Iemanjá no meio da noite? Acaso eu não conheço a multidão de vossos pecados?

16. Antes de te perder eu agravarei a tua demência – ai de ti, Copacabana! Os gentios de teus morros descerão uivando sobre ti, e os canhões de teu próprio Forte se voltarão contra teu corpo, e troarão; mas a água salgada levará milênios para lavar os teus pecados de um só verão.

17. E tu, Oscar, filho de Ornstein, ouve a minha ordem: reserva para Iemanjá os mais espaçosos aposentos de teu palácio, porque ali, entre algas, ela habitará.

18. E no Petit Club os siris comerão cabeças de homens fritas na casca; e Sacha, o homem-rã, tocará piano submarino para fantasmas de mulheres silenciosas e verdes, cujos nomes passaram muitos anos nas colunas dos cronistas, no tempo em que havia colunas e havia cronistas.

19. Pois grande foi a tua vaidade, Copacabana, e fundas foram as tuas mazelas; já se incendiou o Vogue, e não viste o sinal, e já mandei tragar as areias do Leme e ainda não vês o sinal. Pois o fogo e a água te consumirão.

20. A rapina de teus mercadores e a libação de teus perdidos; e a ostentação da hetaira do Posto Cinco, em cujos diamantes se coagularam as lágrimas de mil meninas miseráveis – tudo passará.

21. Assim qual escuro alfanje a nadadeira dos imensos cações passará ao lado de tuas antenas de televisão; porém muitos peixes morrerão por se banharem no uísque falsificado de teus bares.

22. Pinta-te qual mulher pública e coloca todas as tuas joias, e aviva o verniz de tuas unhas e canta a tua última canção pecaminosa, pois em verdade é tarde para a prece; e que estremeça o teu corpo fino e cheio de máculas, desde o Edifício Olinda até a sede dos Marimbás porque eis que sobre ele vai a minha fúria, e o destruirá. Canta a tua última canção, Copacabana!

Janeiro, 1958

31
A nenhuma chamarás Aldebarã

Eu vinha de não sei que tristes sonhos, nefastos pesadelos. Despertei, ansiado, no meio da noite, e olhando a escura parede senti que as imagens torvas que me povoavam os olhos ainda tontos ali vagamente se moviam. Voltei-me, então, sobre o meu flanco direito; a janela estava aberta para a noite. Era uma noite sem lua, que ciciava em árvores e murmurava em águas humildes; e uma grande estrela brilhava.

Haveria outras, esparsas e pequenas, mas aquela era tão grande e cintilava com uma estranha palpitação; era tão distante, mas brilhava tão perto e tão para mim como se fosse uma lanterna que mão amiga houvesse pendurado em minha janela para me dar alento no fundo da treva. Eu vagara tanto pelo mundo que, ao despertar, não sabia em que leito, casa, país e tempo; e mesmo tinha de recompor minha ideia para lembrar se era feliz ou infeliz. Apenas senti que estava agora voltado para o norte, e do fundo do meu coração saudei a estrela com a palavra que me veio aos lábios: Aldebarã!

Lera essa palavra em velhos, cansados livros que falam de astros e mistérios do céu; mas somente agora percebia que era uma palavra mística, feita de muitas outras, querendo dizer, em antigas secretas línguas: a Nova Esperança, a Alegria Amiga, o Esquecimento das Mágoas, a Alegria da Noite.

Aldebarã, Aldebarã! – disse eu, com estranho ardor; e foi como se a sua palpitação se fizesse mais fremente e pura. Então uma voz suave me disse, e era como se a minha melancólica mãe ou, ainda mais distante, a minha irmã e madrinha me passasse a mão pelos cabelos: "Descansa, dorme em paz, Aldebarã é tua amiga; e como soubeste dizer seu nome ela é para sempre tua amiga; dorme em paz, homem da noite solitária e cruel e dos fatigados, tristes pesadelos; dorme. E se amanhã, na tua inquieta fantasia, quiseres dar esse nome a algo que ames, podes dá-lo sem remorso à égua fidalga que no galope deixa que o luar lhe beije as negras crinas, ou à mais bela flor do pélago marinho; e até podes chamar Aldebarã a uma nuvem que se doira no momento em que o céu, para o ocidente, já toma a cor da triste violeta; mas promete que nunca darás esse nome, nunca, a nenhuma filha dos homens, por mais ansioso te faça a sua beleza peregrina."

Eu disse apenas, humilde: "Prometo." E então pela primeira vez em muitos e muitos anos de longas noites, eu pude adormecer sorrindo, porque meu coração era puro como o de um menino.

Agosto, 1953

32
Aula de inglês

— *Is this an elephant?*

Minha tendência imediata foi responder que não; mas a gente não deve se deixar levar pelo primeiro impulso. Um rápido olhar que lancei à professora bastou para ver que ela falava com seriedade, e tinha o ar de quem propõe um grave problema. Em vista disso, examinei com a maior atenção o objeto que ela me apresentava.

Não tinha nenhuma tromba visível, de onde uma pessoa leviana poderia concluir às pressas que não se tratava de um elefante. Mas se tirarmos a tromba a um elefante, nem por isso deixa ele de ser um elefante; e mesmo que morra em consequência da brutal operação, continua a ser um elefante; continua, pois um elefante morto é, em princípio, tão elefante como qualquer outro. Refletindo nisso, lembrei-me de averiguar se aquilo tinha quatro patas, quatro grossas patas, como costumam ter os elefantes. Não tinha. Tampouco consegui descobrir o pequeno rabo que caracteriza o grande animal e que, às vezes, como já notei em um circo, ele costuma abanar com uma graça infantil.

Terminadas as minhas observações, voltei-me para a professora e disse convictamente:

– *No, it's not!*

Ela soltou um pequeno suspiro, satisfeita: a demora de minha resposta a havia deixado apreensiva. Imediatamente me perguntou:

– *Is it a book?*

Sorri da pergunta: tenho vivido uma parte de minha vida no meio de livros, conheço livros, lido com livros, sou capaz de distinguir um livro à primeira vista no meio de quaisquer outros objetos, sejam eles garrafas, tijolos ou cerejas maduras – sejam quais forem. Aquilo não era um livro, e mesmo supondo que houvesse livros encadernados em louça, aquilo não seria um deles: não parecia de modo algum um livro. Minha resposta demorou no máximo dois segundos:

– *No, it's not!*

Tive o prazer de vê-la novamente satisfeita – mas só por alguns segundos. Aquela mulher era um desses espíritos insaciáveis que estão sempre a se propor questões, e se debruçam com uma curiosidade aflita sobre a natureza das coisas.

– *Is it a handkerchief?*

Fiquei muito perturbado com essa pergunta. Para dizer a verdade, não sabia o que poderia ser um *handkerchief*; talvez fosse hipoteca... Não, hipoteca não. Por que haveria de ser hipoteca? *Handkerchief*! Era uma palavra sem a menor sombra de dúvida antipática; talvez fosse chefe de serviço ou relógio de pulso ou ainda, e muito provavelmente, enxaqueca. Fosse como fosse, respondi impávido:

– *No, it's not!*

Minhas palavras soaram alto, com certa violência, pois me repugnava admitir que aquilo ou qualquer outra coisa nos meus arredores pudesse ser um *handkerchief*.

Ela então voltou a fazer uma pergunta. Desta vez, porém, a pergunta foi precedida de um certo olhar em que havia uma luz de malícia, uma espécie de insinuação, um longínquo toque de desafio. Sua voz era mais lenta que das outras vezes; não sou completamente ignorante em psicologia feminina, e antes dela abrir a boca eu já tinha a certeza de que se tratava de uma pergunta decisiva.

– *Is it an ashtray?*

Uma grande alegria me inundou a alma. Em primeiro lugar porque eu sei o que é um *ashtray*: um *ashtray* é um cinzeiro. Em segundo lugar porque, fitando o objeto que me apresentava, notei uma extraordinária semelhança entre ele e um *ashtray*. Sim. Era um objeto de louça de forma oval, com cerca de 13 centímetros de comprimento.

As bordas eram da altura aproximada de um centímetro, e nelas havia reentrâncias curvas – duas ou três – na parte superior. Na depressão central, uma espécie de bacia delimitada por essas bordas, havia um pequeno pedaço de cigarro fumado (uma bagana) e, aqui e ali, cinzas esparsas, além de um palito de fósforo já riscado. Respondi:

– *Yes!*

O que sucedeu então foi indescritível. A boa senhora teve o rosto completamente iluminado por uma onda de alegria; os olhos brilhavam – vitória! vitória! – e um largo sorriso desabrochou rapidamente nos lábios havia pouco franzidos pela meditação triste e inquieta. Ergueu-se um pouco da cadeira e não se pôde impedir de estender o braço e me bater no ombro, ao mesmo tempo que exclamava, muito excitada:

– *Very well! Very well!*

Sou um homem de natural tímido, e ainda mais no lidar com mulheres. A efusão com que ela festejava minha vitória me perturbou; tive um susto, senti vergonha e muito orgulho.

Retirei-me imensamente satisfeito daquela primeira aula; andei na rua com passo firme e ao ver, na vitrina de uma loja, alguns belos cachimbos ingleses, tive mesmo a tentação de comprar um. Certamente teria entabulado uma longa conversação com o embaixador britânico, se o encontrasse naquele momento. Eu tiraria o cachimbo da boca e lhe diria:

– *It's not an ashtray!*

E ele na certa ficaria muito satisfeito por ver que eu sabia falar inglês, pois deve ser sempre agradável a um embaixador ver que sua língua natal começa a ser versada pelas pessoas de boa-fé do país junto a cujo governo é acreditado.

Maio, 1945

33
Viúva na praia

Ivo viu a uva; eu vi a viúva. Ia passando na praia, vi a viúva, a viúva na praia me fascinou. Deitei-me na areia, fiquei a contemplar a viúva.

O enterro passara sob a minha janela; o morto eu o conhecera vagamente; no café da esquina a gente se cumprimentava às vezes, murmurando "bom dia"; era um homem forte, de cara vermelha; as poucas vezes que o encontrei com a mulher ele não me cumprimentou, fazia que não me via; e eu também. Lembro-me de que uma vez perguntei as horas ao garçom, e foi aquele homem que respondeu; agradeci; este foi nosso maior diálogo. Só ia à praia aos domingos, mas ia de carro, um Citroën, com a mulher, o filho e a barraca, para outra praia mais longe. A mulher ia às vezes à praia com o menino, em frente à minha esquina, mas só no verão. Eu passava de longe; sabia quem era, que era casada, que talvez me conhecesse de vista; eu não a olhava de frente.

A morte do homem foi comentada no café; eu soube, assim, que ele passara muitos meses doente, sofrera muito, morrera muito magro e sem cor. Eu não dera por sua falta, nem soubera de sua doença.

E agora estou deitado na areia, vendo a sua viúva. Deve uma viúva vir à praia? Nossa praia não é nenhuma festa; tem pouca gente; além disso vamos supor que ela precise trazer o menino, pois nunca a vi sozinha na praia. E seu maiô é preto. Não que o tenha comprado por luto; já era preto. E ela tem, como sempre, um ar decente; não olha para ninguém, a não ser para o menino, que deve ter uns 2 anos.

Se eu fosse casado, e morresse, gostaria de saber que alguns dias depois minha viúva iria à praia com meu filho – foi isso o que pensei, vendo a viúva. É bem bonita, a viúva. Não é dessas que chamam a atenção; é discreta, de curvas discretas, mas certas. Imagino que deve ter 27 anos; talvez menos, talvez mais, até 30. Os cabelos são bem negros; os olhos são um pouco amendoados, o nariz direito, a boca um pouco dentucinha, só um pouco; a linha do queixo muito nítida.

Ergueu-se, porque, contra suas ordens, o garoto voltou a entrar n'água. Se eu fosse casado, e morresse, talvez ficasse um pouco ressentido ao pensar que, alguns dias depois, um homem – um estranho, que mal conheço de vista, do café – estaria olhando o corpo de minha mulher na praia. Mesmo que olhasse sem impertinência, antes de maneira discreta, como que distraído.

Mas eu não morri; e eu sou o outro homem. E a ideia de que o defunto ficaria ressentido se acaso imaginasse que eu estaria aqui a reparar no corpo de sua viúva, essa ideia me fez achá-lo um tolo, embora, a rigor, eu não possa lhe imputar essa ideia, que é minha. Eu estou vivo, e isso me dá uma grande superioridade sobre ele.

Vivo! Vivo como esse menino que ri, jogando água no corpo da mãe que vai buscá-lo. Vivo como essa mulher que pisa a espuma e agora traz ao colo o garoto já bem crescido. O esforço faz-lhe tensos os músculos dos braços e das coxas; é bela assim, marchando com a sua carga querida.

Agora o garoto fica brincando junto à barraca e é ela que vai dar um mergulho rápido, para se limpar da areia. Volta. Não, a viúva não está de luto, a viúva está brilhando de sol, está vestida de água e de luz. Respira fundo o vento do mar, tão diferente daquele ar triste do quarto fechado do doente, em que viveu meses. Vendo seu homem se finar; vendo-o decair de sua glória de homem fortão de cara vermelha e de seu império de homem da mulher e pai do filho, vendo-o fraco e lamentável, impertinente e lamurioso como um menino, às vezes até ridículo, às vezes até nojento...

Ah, não quero pensar nisso. Respiro também profundamente o ar limpo e livre. Ondas espoucam ao sol. O sol brilha nos cabelos e na curva do ombro da viúva. Ela está sentada, quieta, séria, uma perna estendida, outra em ângulo. O sol brilha também em seu joelho. O sol ama a viúva. Eu vejo a viúva.

Setembro, 1958

34
Quarto de moça

Alguém me fala do apartamento em que você morou em Paris, em uma pequena praça cheia de árvores; outra pessoa esteve em sua casa de Nápoles; eu me calo. Mas eu conheci seu quarto de solteira. Era pequeno, gracioso e azul; ou é a distância que o azula na minha lembrança? Junto à janela havia uma grande amendoeira antiga; às vezes o vento levava para dentro uma grande folha cor de cobre – gentileza da amendoeira. Que tinha outras: pássaros, quase sempre pardais, às vezes um tico-tico, ou uma rolinha, ou um casal de sanhaços azulados. E no verão, como as cigarras ziniam! Lembro o armário escuro e simples, onde cabiam seus vestidos de solteira, que não eram muitos; e lembro alguns deles, um roxinho singelo, um estampado alegre, de flores, um outro de linho grosso, cor de areia. Havia uma pequena estante; e, entre os livros, o meu primeiro livro, com uma dedicatória tímida. Na parede, uma fotografia, uma imagem de santa, e uma reprodução de Piero della Francesca, não era?

Era simples, seu quarto de menina e de moça; mas tinha uma graça leve e singela, e você o amava. Dali partiu para tantas outras casas e hotéis em outras cidades do mundo, e um dia soube que haviam derrubado sua casa. Contaram-me, achando graça, você chorou quando teve a notícia, chorou como se tivesse perdido pai ou mãe, alguém muito querido. Contaram-me, achando graça – e eu não disse nada, mas me comovi.

Nossa amizade se perdeu no acaso das viagens; outros homens sabem muito mais sobre você, viveram sua alegria e seu sofrimento; de mim você terá apenas uma lembrança distante e, espero, boa. Mas, se um dia você se sentisse vazia e sem apoio, e achasse as coisas tão sem sentido, eu imagino que você gostaria que eu reconstruísse no ar, como um presente, um presente para proteger e embalar você, o seu pequeno quarto azul que não existe mais.

Conheci seu quarto de solteira; lembro a cama, o armário, a estante, a cômoda, a mesinha, o abajur e o grande espelho. O grande espelho onde às vezes, ainda mocinha, vinda do banho, você se olhava demoradamente – pensativamente – nua.

Setembro, 1959

35
A Deus e ao Diabo também

Ela então me contou seus pecados; primeiro, o primeiro, quando ainda era mocinha; depois o mais feio, que foi uma coisa que ela não queria, foi resistindo, mas você compreende, chegou a um ponto em que não dava mais jeito. O pior é que nessa ocasião tinha um rapaz de quem ela gostava muito e queria ser fiel a ele; "foi sujeira", confessa, "foi sujeira minha"; mas a verdade é que a coisa veio devagar, foi aceitando presentes, depois não sabia o que seria mais vigarista: negar-se ou dar-se; aliás tinha uma simpatia sincera pelo sujeito; mas gostar mesmo era do outro. E contou mais algumas coisas. Disse uma palavra feia a respeito de si mesma e pediu minha opinião:

– Não é verdade? – me olhando nos olhos.

Calei-me; ela insistiu, eu fiz uma evasiva meiga:

– Você é um amor.

Então, meu Deus, ela se pôs filosófica. Esticou o longo corpo no sofá, sustentou a cabeça nas mãos:

– Esta vida...

E disse coisas; mas sempre queria saber minha opinião. Que eu era um homem vivido, eu sabia as coisas, era um escritor. Ponderei que essas coisas quem sabe melhor é padre; de preferência padre velho, que já ouviu muita história, sabe dar conselho. Disse que não; que padre, ela já sabe o que padre vai dizer, de maneira que não adianta; "não gosto de padres".

– Mas você não é católica?

Era, mas não gostava de padres. Isto é, conheceu um padre que era formidável, aliás, era um frade. "Qual é a diferença?" Dei uma resposta vaga, ela fez "ahn..." e virou-se, ergueu uma longa perna no ar, em um movimento perfeito: "Preciso voltar a fazer *ballet*, eu ando muito preguiçosa."

Depois, com o olho triste, confessou que às vezes danava a pensar no futuro, tinha medo. Notei:

– "Pensava no futuro e tinha medo." Isto é um verso de Augusto dos Anjos, você disse quase igual.

Ficou encantada em ter dito uma coisa parecida com o verso de um poeta; pensei em dizer que ela fazia poesia como *monsieur* Jourdain fazia prosa, mas a citação era muito trivial e, no caso, daria muito trabalho explicar. Agora ela estava deitada com as mãos atrás da cabeça (os seios quase sumiam) e erguendo as pernas fazia flexões de joelho, perfeitas.

– Quanto livro você tem aí! Eu sou tão ignorante! Precisava ler muitos livros.

Ergueu-se, tirou um livro da estante. Era *Soviet Economic Aid*, de Berliner. Pegou outro, era *O Fantasma da Inflação*, de Humberto Bastos. Olhou as capas, comentou apenas:

– Eu sou burra...

– Por que você usa esse penteado assim?

Então ela confessou que tinha a testa muito feia. Aliás achava que tinha muitas coisas feias.

– Eu sou cheia de complexos.

Eu disse com severidade:

– Você devia toda manhã agradecer a Deus, ajoelhada, tudo o que Ele lhe deu.

Ela riu, ensaiou uns passos de *ballet*, elevou no ar um pé nu:

– A Deus ou ao Diabo?
– Ao Diabo também.
Sem interromper o exercício, ela me olhou de lado:
– Você é gozado

Outubro, 1959

36
Aventura em Casablanca

Cheguei pelas nove da manhã, e como saíra de Roma na véspera à tardinha, em um duro avião militar, e no aeroporto resolveram me crivar de vacinas, e eu estava magro, nervoso, cansado, a mão direita numa tipoia, e ainda por cima um oficial me informou que eu com aquela prioridade poderia ficar mofando dias e dias ali, e outro oficial insistia em que eu deveria ficar hospedado no próprio aeroporto, ao que lhe respondi que jamais, e outro oficial tentou mostrar-me o regulamento ou não sei que instruções que eu nunca leria, nem que o Comando Supremo o exigisse com um ultimato à minha pessoa – aconteceu que, quando um sargento, um simples, um genial sargento americano simpatizou com minha cara barbada, meu mau humor e dois ou três palavrões que eu proferia com ar de quem não teme em absoluto ser fuzilado, antes estaria disposto a considerar isso uma especial fineza – contra os regulamentos, os aeroportos, a guerra e Nossa Senhora mãe de Deus – e me arranjou um papelzinho carimbado e um jipe que me permitiram ir para o hotel, visto que eu declarara terminantemente que não compreendia coisa alguma do que me diziam e apenas quando o citado sargento perguntou afinal o que é que eu queria, eu respondi que eu queria ir para o Brasil, e então ele riu muito, disse por sua vez dois palavrões cordiais e me mandou para um hotel – ah, se o leitor se cansou de um período tão comprido, imagine como estava eu cansando, não de ler, mas de viver e sofrer todo esse período que durou seguramente duas horas, pois só depois das onze cheguei ao hotel.

Consegui um banho; e me joguei na cama porque há mais de 24 horas não dormia. Mas uma hora depois ouvi um rumor e acordei, como é de meu costume, assustado, mais, porém, do que o costume: em minha frente estava um árabe todo coberto de seus panos brancos e com uma barba preta de árabe falso que faz papel de bandido em filme imperialista. Aquele assassino disfarçado me falava em francês, e me chamava de *lieutenant*, e o que era pior, *lieutenant* Davis. Respondi-lhe que *je ne suis pas lieutenant, get out, voglio dormire*, que porcaria, e o miserável bateu em retirada, convencido de que, mesmo com o punhal que certamente trazia oculto sob as vestes, não lhe seria fácil enfrentar um poliglota tão violento quanto eu. Mas, tendo acordado, senti vontade de sair. Passei uma água na cara, meti as botas e meu uniforme que era um misto de dois ou três uniformes brasileiros e americanos – e desci.

Na portaria fui avisado de que devia levar um papelzinho para comer num restaurante e devia telefonar sistematicamente às oito da noite e às cinco da madrugada, caso dormisse fora, para ver se havia avião para mim, e se eu perdesse um avião, iria para o fim de uma fila que só se esgotaria numa semana depois, talvez mais.

Andei pela cidade, barbeei-me, fiz umas compras pitorescas para minha encantadora esposa, fui assaltado por moleques mendigos, vi negros de shorts e barrete vermelho, mulheres de que a gente só vê os olhos, magazines e mafuás, encontrei até um português chamado Teixeira, que me deteve na rua para dizer que era português, com o que, segundo lhe informei com um certo exagero, me deu um imenso prazer; e a rua principal parece com Bolonha, se Bolonha fosse branca e limpa. Foi ali que subitamente duas senhoras me deram o braço e me convidaram a beber. Creio que não era a primeira vez que tinham essa luminosa ideia aquele dia, porque estavam meio alegres. Uma era bonita e a outra era dessas que a gente diz que enfim há piores; eu tinha dinheiro no bolso e achei a ideia boa.

Levaram-me para um boteco com ingênuas pinturas murais, e começamos com muitos conhaques e apresentações. Uma era francesa, outra árabe afrancesada; e pareciam encantadas pelo fato de eu ser brasileiro. Contei-lhes que nasci, modéstia à parte, em Cachoeiro de Itapemirim, e elas ficaram, ao que parece, tão impressionadas, que mandaram vir mais conhaque. Falo francês como quem cospe pedras, e além do mais estava terrivelmente cansado com meses de luta para falar italiano e inglês; de maneira que tomei o partido de falar pouco, beber muito e exprimir os tradicionais laços de amizade que ligam Cachoeiro de Itapemirim e Casablanca passando a mão pelos cabelos das damas; que eram castanhos. Assim entardecemos no boteco, e uma delas cantava. A certa altura, convidei um sargento americano para tomar alguma coisa, e ele acabou baldeando a tal que há piores, para beber no balcão. Foi então que meus olhos bateram na lista de preços, que estava pregada na parede, suspensa sobre nossas cabeças como a espada de Dâmocles, como diria um bêbado de certo nível cultural. Fiz um violento esforço cerebral para transpor os francos para dólares, dólares para liras e afinal liras para mil-réis; tentei mesmo chegar até cruzeiros, mas a essa altura já estava exausto. Cada gota de conhaque custava uma pequena fortuna, e calculei que estava à beira da falência. Fiz outra vez o cálculo traduzindo diretamente os francos para as liras e as liras para o mil-réis, para ver se assim saía mais barato. Mas deu mais ou menos no mesmo, e eu ainda não terminara o cálculo quando surgiu na mesa uma garrafa de champanhe, o que me fez berrar imediatamente pela conta.

Aqui começa, meus senhores, o mistério de Casablanca. Contarei o resto domingo que vem. Faço questão, porém, de esclarecer desde logo que a história que Joel Silveira andou contando por aí sobre Ingrid Bergman e mim é inexata. Mas explicarei tudo no outro domingo, se os amigos tiverem um pouco de paciência.

37
Fim da aventura em Casablanca

Muitos leitores me dizem que estão indignados com esse negócio de eu começar uma história num domingo e não acabar. Consolem-se comigo, que também me aborreço muito. Hoje, por exemplo, devo acabar de contar minhas aventuras em Casablanca. Ora, quando eu comecei aquilo, estava convencido de que era uma boa história. Hoje, relendo a primeira parte, fiquei com sono e desanimado; e quando penso que devo fazer a segunda, francamente, sinto náuseas.

Afinal, o leitor nada tem a ver com o que me aconteceu em Casablanca. E não me perguntou nada. Eu é que me meti a contar a história. Se tivesse contado de uma só vez, vá lá. Mas neste momento estou na posição de uma pessoa que começa a contar uma anedota e é interrompida; e quando pretende continuar se dá conta, subitamente, de que a anedota não tem nenhuma graça nem interesse, ou, o que é lamentável, ele se esqueceu do fim. Está visto que não me esqueci do fim de minhas aventuras em Casablanca. Mas só agora percebo que fiz uma horrível imprudência; porque, francamente, não me é possível contar a história tal como aconteceu. Como acontece em muitas histórias, a parte mais interessante é de caráter confidencial; seria da maior inconveniência que eu a contasse em público. Mesmo em particular, quando sou interrogado, guardo um pesado silêncio, ou digo qualquer mentira que me ocorre, pois além de ser um homem responsável perante minha Pátria, Deus e minha Família, sou um perfeito cavalheiro, e um perfeito cavalheiro deve saber guardar perfeito silêncio em circunstâncias como essas. Fosse apenas o meu nome que estivesse em jogo, vá lá; eu talvez não hesitasse em comprometê-lo, pois a probidade profissional e o respeito ao público me obrigariam a contar tudo direitinho, visto que comecei. Tanto mais que muitas pessoas, inclusive senhoras de sociedade, manifestaram-se muito aflitas para saber o fim. São corações fracos. Ficam assustadas quando imaginam o quadro final do primeiro capítulo destas emocionantes aventuras: um pobre correspondente de guerra brasileiro, desarmado, com a mão direita neutralizada por uma tipoia, maldormido e bem-bebido, metido no fundo de um barzinho da perigosa cidade de Casablanca, com duas mulheres desconhecidas e duvidosas, uma enorme conta e um gerente que revela na cara sentimentos de banditismo piores que os de um Humphrey Bogart. Sei que uma boa parte da população do país não tem dormido quase nada esta semana, de medo que me aconteça alguma coisa. Que fazer?

Pois se tranquilizem, minhas senhoras. A verdade é que se alguma das senhoras passasse cinco minutos depois por aquele bar (o que não creio que aconteça, porque aquela zona é considerada perigosa, mesmo para Casablanca) se deteria na calçada e ficaria certa de que o escritor Bernanos andava pelas proximidades, pois ouviria as exclamações com que ele costuma iniciar e terminar seus artigos, tais como *la France imortelle, l'honneur de France, la France de toujours, jamais! jamais!, c'est une trahison, on ne passe pas, vive la France et allons, enfants de la Patrie.* O Sr. Bernanos costuma dizer essas coisas ao mesmo tempo que chama de imbecis, idiotas e canalhas todas as pessoas que não acreditam que os franceses foram para a Síria por inspiração de Jeanne d'Arc e para colocar o *esprit* contra o grosseiro materialismo russo, inglês e americano. Assim a paixão patriótica cega as inteligências mais claras; e muitas vezes me pus a imaginar que se o Sr. Bernanos é tão orgulhoso e desvairado tendo, afinal de contas, nascido na França, como ele seria insuportável se pudesse provar, como eu posso (sem querer com isso, repito, humilhar ninguém), que nascera em uma cidade como Cachoeiro de Itapemirim – afinal de contas uma cidade de gente decente e boa, de famílias conhecidas, gente que a gente sabe quem é, e que fala uma língua direita que qualquer pessoa de bem pode entender.

Mas naquele momento eu estava no estrangeiro, e era obrigado a falar em língua estrangeira, o que sempre é incômodo e ligeiramente humilhante, pois como dizia aquele português, o Teixeira, não há nada mais hipócrita e constrangedor para um homem de bem do que chamar queijo de *fromage* ou *cheese* quando está vendo com toda a clareza que no fundo aquilo é queijo mesmo. Confesso, entretanto, que naquele momento não me importava falar francês, pois a França bem merecia, e inclusive eu estava empolgado por uma onda de admiração pela França, ali representada por aquela senhora de cabelos castanhos e voz meio rouca, porém muito doce. Nessa voz ela me dizia que *non, non, jamais*; que elas duas me haviam convidado para beber e que portanto tinham o direito de pagar; que era estúpido de minha parte querer afrontá-las com o meu sujo dinheiro; e chegou a insinuar coisas depreciativas para a boa educação e o cavalheirismo do homem brasileiro, o que seria intolerável se não fosse dito com ar tão meigo e por uma boca tão fresca à qual um dentinho ligeiramente acavalado do lado esquerdo não tirava graça nenhuma, antes me pareceu acrescentar alguma. Neste ponto proponho ao leitor uma conversa de homem para homem. Prometo pela minha palavra de honra não voltar nunca mais a escrever histórias em série, continuando no próximo domingo. Prometo, ainda, domingo que vem terminar de uma vez por todas estas excitantes aventuras de Casablanca e nunca mais falar nisso. Era minha intenção, juro, acabar essa história hoje, tanto que logo que sentei à máquina escrevi o título "Fim da aventura em Casablanca", como o leitor pode verificar. Mas domingo que vem acabo de qualquer jeito e prometo mesmo prestar declarações sobre as coisas que, com tão condenável indiscrição, o correspondente Joel Silveira, que passou por Casablanca alguns dias depois de minha partida, andou espalhando aí, pelos botequins, sobre meu encontro com a atriz Ingrid Bergman, quando a verdade é muito diferente e – vou dizendo desde logo – nada contém que possa desabonar a conduta daquela senhora.

38
Verdadeiro fim da aventura em Casablanca

Devem estar lembrados os senhores de que duas mulheres me arrastaram para um bar, onde bebemos e fizemos uma grande despesa. Elas pagaram – e isso me deixou tão comovido, que me pus a cantar a *Marselhesa* com os olhos úmidos. A explicação sentimental da coisa era que estávamos no dia seguinte ao Dia da Vitória, e elas ainda não tinham festejado o fim da guerra com um brasileiro. Eis que nada era por mim; era por uma das Nações Unidas, o Brasil, que eu representava naquele botequim como o Sr. João Neves e outros representam agora na Europa.

– A outro bar! – gritei eu. – A outro bar!

Sim, eu queria retribuir aquelas gentilezas que atingiam a minha Pátria através de minha garganta; pois o brasileiro é assim, sentimental e generoso; e se o brasileiro é assim, este aqui então nem se fala. Estava disposto a gastar todo o meu dinheiro com aquelas senhoras, especialmente a de dentinho acavalado. Lembro-me de um bêbado de minha terra, que dizia:

– No dia em que eu tirar 20 contos na loteria não fica uma mulher pobre nesse Cachoeiro!

Nunca tirou; ainda há mulheres pobres, o que é pena. Mas a senhora do dentinho acavalado me fez saber que era enfermeira voluntária de um hospital aliado; e estava na hora de entrar em serviço. Sairia somente pelas cinco e meia da manhã. Depois de muitos debates (confesso, com ligeira vergonha, que tentei demovê-la do cumprimento de seu dever) ela me pediu o telefone do hotel. Chamaria pelas cinco e meia e iríamos, num carro puxado por um cavalo branco, visitar o palácio do Sultão. Disse que a madrugada em Casablanca é linda em maio; conduziu-me carinhosamente até uma rua mais perto do centro, orientou-me e abandonou-me.

Ah, pobre homem triste e bêbado numa cidade confusa, longe dos seus e de sua terra, sem um amigo, ao escurecer. Andei para um lado e outro, quase me atropelaram e eu murmurava de mim para mim coisas meigas e desoladas – em francês. Em mau francês; tão ruim que às vezes eu mesmo não entendia bem, o que aumentava minha confusão. Vi o anúncio luminoso de um barzinho e parti naquela direção como a pobre criança perdida no meio de um conto antigo, na escuridão, marcha no rumo de uma luzinha que vê lá longe.

O bar era estreito e ruidoso, com muitas mulheres e oficiais; mas havia a um canto uma pequena mesa vazia, e me sentei. Deus sabe por que pedi champanhe. Era, segundo creio, de Argel; mas naquela altura dos acontecimentos, poderia ser licor de cacau que eu não notaria a diferença. Fiquei por ali a erguer brindes imaginários, pensando coisas, vendo as pessoas que conversavam, discutiam e riam dentro do botequim. Havia um piano, e alguém tocava. Insensivelmente, comecei a acompanhar a música, batendo com os dedos na mesa; e de súbito levei um susto e ergui a cabeça. Era o *Tico-Tico no Fubá* – e a pianista tocava olhando para mim e sorrindo. Em menos de meio segundo, eu a havia baldeado para a mesa e quinze minutos depois ela já fazia uma ideia razoável do que significa tico-tico no fubá. Como não sei como é tico-tico nem como é fubá em francês, minha explicação foi um pouco longa, e ajudada pelos gestos que eu fazia com os dedos sobre a mesa tentando imitar o gentil passarinho no ato de bicar o fubá. Partimos daí para outras conversas; ela voltou ao piano para tocar outra música brasileira que resultou ser cubana, mas nem por isso deixou de me comover, pois era tocada para mim, e logo mandei arriar outra champanhe.

Neste ponto, tenham santa paciência, eu me detenho. Não contarei o caso do americano bêbado que queria brigar com o francês, em cujo caso tive uma intervenção bilíngue; nem como me retirei sem conseguir pagar a conta, que a pianista disse que ela pagaria porque assim seria mais barato 35 por cento, mas me daria oportunidade aquela noite mesmo de comprar outras bebidas que beberíamos com outra senhorita e um oficial ruivo que tinha um jipe que nos levaria não sei onde; sendo que eu devia estar na porta do bar à hora de sua saída, ao que afiancei que estaria rente como pão quente. Paremos por aqui. A versão de Joel Silveira sobre o meu encontro com Ingrid Bergman no Coq d'Or vale tanto quanto a de Egídio Squeff sobre os perigos que corri nas mãos de uma suposta espiã que se dizia tcheca, embora seja verdade que na confusão dos tempos de guerra há mulheres que se fazem passar por espiãs para atrair os incautos. A mistura dessas duas histórias tem dado lugar a uma grande confusão, ainda mais quando combinada com o passeio no carro puxado por um cavalo branco, pela madrugada. Sou um homem de certa idade, e tenho visto coisas. Algumas aconteceram comigo, porém poucas. Calarei. Além do mais a Suécia era um país neutro.

Setembro, 1946

39
Uma certa americana

Muito me inibia o cortante nome de Hélice, minha ternura do Natal de 1944 durante a guerra, na Itália.

Hélice era como ela pronunciava e queria que eu pronunciasse o seu nome de Alice. Como era enfermeira e tinha divisas de tenente, eu às vezes a chamava de *lieutenant*, o que é muito normal na vida militar, mas impossível em momentos de maior aconchego.

Falei no Natal de 1944; foi para mim um Natal especialmente triste. É verdade que recebi notícia de que o 48th Evacuation Hospital tinha avançado para perto de nosso acantonamento. A notícia me deixou sonhador; vejam o que é um homem que ama: eu repetia com delícia: "48th Evacuation Hospital..."

"Evacuation" é um nome bem pouco lírico para alguém de língua portuguesa, e nem "48th" nem "Hospital" parecem muito poéticos; mas era o hospital em que trabalhava Alice, e isso me alegrava. A alegria aumentou quando um correspondente de guerra americano, acho que o Bagley, me avisou de que haveria uma festa de Natal no 48, e eu estava convidado.

Era inverno duro, a guerra estava paralisada nas trincheiras e *fox-holes*, caía neve aos montes. Cheguei na frente, tomei banho, fiz a barba, limpei as botas, meti o capote, subi em um jipe, lá fui eu. No bolso do capote, por que não confessar, ia uma garrafinha de um horrível conhaque de contrabando que eu arranjara em Pistoia. A festa era em uma grande barraca de lona armada um pouco distante das outras barracas que serviam de enfermarias. Naquela escuridão branca e fria da noite de neve, era um lugar quente, iluminado, com música, onde Alice me esperava...

Não, não me esperava. Teve um "oh" de surpresa quando me viu; e como abri os braços veio a mim abrindo também seus belos braços, gritando meu nome, e dizendo votos de Feliz Natal; como, porém, me demorei um pouco no abraço e lhe beijava a face e o lóbulo da orelha esquerda com certa ânsia, murmurou alguma coisa e se afastou com um ar de mistério, me chamando de *darling*, mas me empurrando suavemente.

Havia coisa. A coisa era um coronel-cirurgião louro e calvo que logo depois saía da barraca. Alice saiu atrás dele, e eu atrás dela. O homem estava sentado em um caixote de munição vazio, no escuro, os cotovelos apoiados nos joelhos e as mãos na cara. Não me viu; fiquei atrás dele enquanto Alice insistia para que ele fosse para dentro, ali estava terrivelmente frio, a neve caía em sua careca – *don't be silly, darling*, repetia ela docemente; ele murmurou coisas que eu não entendia, ela insistia para que ele entrasse, *please*...

Enfim, havia um *lieutenant-colonel* no Natal de minha *lieutenant*. A certa altura ele foi chamado a uma enfermaria, para alguma providência urgente, e eu quis raptar Alice, mas para onde, naquele descampado de neve, sem condução? Nem ela queria ir, dizia que não podia deixar a festa; tivemos um *clinch* amoroso (o que chamamos pega em português) atrás de uma barraca de material, mas emergiram da escuridão dois feridos de guerra com seus roupões *bordeaux* deixando entrever ataduras; e Alice, que estava fraquejando, repeliu-me para reconduzir os feridos a seus leitos.

O 48th Evacuation Hospital mudou de pouso novamente e só voltei a ter notícias dela em abril do ano seguinte, no fim da guerra: Alice casara-se com o doutor tenente-coronel, por sinal um dos mais conhecidos cirurgiões de Nova York, e, através de um capitão brasileiro que me conhecia, me mandara um bilhete circunspectamente carinhoso participando suas núpcias e me desejava as felicidades que eu merecia.

Não merecia, com certeza; não as tive. Também, para dizer a verdade, não cheguei a ficar infeliz; guerra é guerra; apenas guardei uma lembrança um pouco amarga daquele Natal distante. Santo Deus, mais de 20 anos! Feliz Natal onde estiveres, Hélice ingrata!

Setembro, 1957

40
Partilha

Os irmãos se separam e então um diz assim:

"Você fique com o que quiser, eu não faço questão de nada; mas se você não se incomoda, eu queria levar essa rede. Você não gosta muito de rede, quem sempre deitava nela era eu.

O relógio da parede eu estou acostumado com ele, mas você precisa mais de relógio do que eu. O armário grande do quarto e essa mesa de canela e essa tralha de cozinha, e o guarda-comida também. Tudo isso é seu. O retrato de nossa irmã você fica com ele também: deixa comigo o de mãe, pois foi a mim que ela deu: você tinha aquele dela de chapéu, e você perdeu. O tinteiro de pai é seu; você escreve mais carta; e até que escreve bonito, você sabe que eu li sua carta para Júlia.

Essas linhas e chumbadas, o puçá e a tarrafa, tudo fica sendo seu; você não sabe nem empatar um anzol, de maneira que para mim é mais fácil arrumar outro aparelho no dia que eu quiser pescar.

Agora, tem uma coisa, o canivete. Pensei que você tivesse jogado fora, mas ontem estava na sua gaveta e hoje eu acho que está no seu bolso, meu irmão.

Ah, isso eu faço questão, me dê esse canivete. O fogão e as cadeiras, a estante e as prateleiras, os dois vasos de enfeite, esse quadro e essa gaiola com a coleira e o alçapão, tudo é seu; mas o canivete é meu. Aliás, essa gaiola fui eu que fiz com esse canivete me ajudando. Você não sabe lidar com canivete, você na sua vida inteira nunca soube descascar uma laranja direito, mas para outras coisas você é bom. Eu sei que ele está no seu bolso.

Eu estou dizendo a você que tudo que tem nesta casa, menos o retrato de mãe – a rede mesmo eu não faço questão, embora eu goste mais de rede e fui sempre eu que consertei o punho, assim como sempre fui eu que consertei a caixa do banheiro e a pia do tanque, você não sabe nem mudar um fusível, embora você saiba ganhar mais dinheiro do que eu; eu vi o presente que você deu para Júlia, ela que me mostrou, meu irmão; pois nem a rede eu faço questão, eu apenas acho direito ficar com o retrato de mãe, porque o outro você perdeu.

Me dê esse canivete, meu irmão. Eu quero guardar ele como recordação. Quem me perguntar por que eu gosto tanto desse canivete eu vou dizer: é porque é lembrança de meu irmão. Eu vou dizer: isso é lembrança de meu irmão que nunca soube lidar com um canivete, assim como de repente não soube mais lidar com seu próprio irmão. Ou então me dá vergonha de contar e eu digo assim: esse canivete é lembrança de um homem bêbado que antigamente era meu amigo, como se fosse um irmão. Eu estarei dizendo a verdade, porque eu acho que você nunca foi meu irmão.

Eu sou mais velho que você, sou mais velho pouca coisa, mas sou mais velho, de maneira que posso dar conselho: você nunca mais na sua vida, nunca mais puxe canivete para um homem; canivete é serventia de homem, mas é arma de menino, meu irmão. Quando você estiver contrariado com um homem, você dê tiro nele com sua garrucha; pode até matar à traição; nós todos nascemos para morrer. De maneira que, se você morresse agora, não tinha importância; mas eu não estou pensando em matar você, não. Se eu matasse, estava certo, estava matando um inimigo; não seria como você que levantou a arma contra seu irmão.

Bem, mas veja em que condições você me dá esse canivete; um homem andar com uma coisa suja dessas no bolso; não há nada, eu vou limpar ele, nem para isso você presta, mas para outras coisas você é bom.

Agora fique sossegado, tudo que tem aí é seu. Adeus, e seja feliz, meu irmão."

Junho, 1951

41
Buchada de carneiro

Um dia, quando este mundo for realmente cristão, eu acho que ninguém terá coragem de matar um carneiro. Até que já devia ser pecado matar carneirinho. Tem tanto pecado na religião que a gente por dentro mesmo, não acha, não sente que é pecado – e matar um carneiro, ato bárbaro, contra um bichinho tão inocente, a balir, a chorar, é considerado coisa honesta! Entretanto desejar a mulher do próximo é pecado. Vamos que seja pecado avançar na mulher do próximo, telefonar com más intenções para a mulher do próximo, dançar muito apertado com a mulher do próximo – mas cobiçar, meu Deus, não devia ser pecado, por que muitas vezes é somente castigo e aflição; eu que o diga!

Mas voltemos ao carneirinho; e contemos que tio Estácio carregou o bicho dentro da camioneta horas e horas, o tempo todo ele chorando, como se adivinhasse o fim da viagem. Tio Estácio até chegou a botar um esparadrapo tapando a boca do bichinho para ele não se lamuriar mais, porque os balidos feriam a consciência, cortavam o coração dos algozes. Mas de esparadrapo na boca o carneirinho ficou tão infeliz chorando para dentro, tão desgraçado, que tio Estácio tirou o esparadrapo. E durante horas continuou aquela triste lamentação. Foi de noite que eles chegaram ao sítio. Um camarada queria amarrar o carneirinho lá fora, onde ele pudesse comer capim; tio Estácio achou que era perigoso, tem muita cobra; "aliás", ponderou, "como ele vai morrer amanhã, não convém que coma hoje; assim dá menos trabalho para limpar". Vejam que bom coração é o tio Estácio!

No dia seguinte, ao romper da alva, deu-se a execução, feita com requintes de técnica. Oh, se alguma senhora me lê, pare por aqui; eu sou um repórter fiel e tenho de contar tudo. A verdade é que não assisti ao ato nefando; tio Estácio também não; o carrasco foi Argemiro; o local afastado da casa-grande. Ficamos tomando refresco de maracujá para acalmar os nervos, procurando não pensar no que estava acontecendo naquele momento. Juro que eu ainda tinha uma vaga esperança, um sonho louco de que o crime não se concretizasse, o carneirinho talvez pudesse fugir, ou talvez na hora o braço de Argemiro tombasse...

Mas aconteceu: uma paulada rija na cabeça e depois o bichinho, ainda vivo, foi sangrado.

É horrível pensar nisso. Vamos encerrar o assunto. Na verdade não houve mais nada. Apenas dona Irene passou o dia inteiro muito ocupada, dirigindo o serviço de duas negras e ela mesma trabalhando como doida.

No dia seguinte todo mundo acordou com um ar estranho, Lula e Juca disseram que nem queriam tomar café, Mário e Manuel chegaram de longe, havia alguma coisa no ar. Pelas duas ou três horas da tarde essa coisa que estava no ar aterrissou na mesa.

Lá em cima eu falei de religião. Pois se há alguma coisa que pode dar uma ideia de céu, de bem-aventurança, de gostosura plena – é buchada. Intestinos e vísceras mil, sangue em sarapatel, tudo se confunde junto ao pirão, esse fabuloso pirão em que a gente sente a alma celestial do carneirinho. Devo dizer que os miolos foram comidos dentro do crânio, com toda a dignidade; e aquela parte em que o carneiro prova que não é ovelha foi petiscada frita – uma delícia. Comemos, comemos, comemos, comemos; e cada vírgula quer dizer pelo menos uma cachacinha, e o ponto e vírgula pelo menos duas. O ponto-final foi um grande sono de rede. E se vocês além de tudo ainda querem saber o moral da história, direi baixinho, envergonhado e contrafeito, mas confessarei: o crime compensa.

Fevereiro, 1955

42
Às duas horas da tarde de domingo

No meio de muita aflição e tristeza houve um momento, te lembras? Foi por acaso, foi de repente, foi roubado, e se alguém tivesse tido a mais leve suspeita, então seria a ignomínia total. Mas houve um momento; e dentro desse momento houve silêncio e beleza.

Seria impossível descrever o ambiente, estranho a nós ambos; e não havia nem cantos de pássaro nem murmúrio de mar. Talvez um ruído de elevador, uma campainha tocando no interior de outro apartamento, o fragor de um bonde lá fora, sons de um rádio distante, vagas vozes – e, me lembro, havia um feixe de luz oblíquo dando no chão e na parte de baixo de uma porta, recordo vagamente a cor rósea da parede.

Serão lembranças verdadeiras? Como voltar àquele apartamento, reconstituir aquelas duas horas da tarde, lembrar a data, verificar a posição dos móveis e o ângulo de incidência do sol? Do chão ou da porta do banheiro – creio que do chão – ele iluminava teus olhos claros que me fitavam quietos. O edifício, eu sei qual é. Seria possível procurar aquele vago casal amigo que encontramos na praia aquele dia e perguntar qual o número do apartamento em que então moravam? Conseguiríamos licença do atual morador ou quem sabe penetraríamos sorrateiramente no apartamento, e então a mulher daquele vago casal nos diria aqui era o quarto, aqui o armário, a cama, além ficava o espelho...

Ah, haveria menos rumor na rua naquele tempo; menos automóveis estariam passando lá fora; mas certamente nas mesmas duas da tarde de domingo, embora não haja mais bondes, haveria algum rádio ligado esperando o começo de algum jogo de futebol, e o sol entraria no mesmo ângulo pela mesma janela. Pesquisaríamos os móveis antigos, iríamos comprá-los onde estivessem hoje, decerto a antiga dona se lembra a quem os vendeu e como eram – não creio que ainda sejam seus. Lembro-me de que eram móveis banais; nós os colocaríamos no mesmo lugar e disposição...

Houve um momento. Talvez a pintura da parede hoje seja diferente; creio que era rosa. Tua roupa de banho era preta, tinha alça, lembro as marcas das alças. Foi subitamente, havia várias pessoas juntas, faltou água na casa de alguém, telefonou-se para dizer que não esperassem para o almoço, houve desencontros na praia, apareceu o casal – e então, por milagre, tudo o que era contra nós, as circunstâncias, os olhares, os horários, os esquemas da vida civil, as famílias com seus rádios, suas feijoadas dominicais, os encontros de esquina, as conveniências e os medos, tudo o que nos separava subitamente falhou, o casal desculpou-se e partiu, iam almoçar com a mãe dela, a empregada sumiu, eu tinha saído e por acaso tive de voltar – na verdade eu não poderia reconstituir os detalhes tediosos e vulgares; a lembrança que ficou é de um momento em que boiamos no bojo de uma nuvem, longe da cidade e do mundo, e todos os ruídos se distanciaram e se apagaram, ainda estavas toda salgada do mar, teus olhos me miravam quietos, sérios, teus olhos sempre de menina, teus cabelos molhados, teu grande corpo de um dourado pálido.

Houve um momento, aquele momento em que a carne se faz alma; e depois, muito depois, me disseste a mesma coisa que eu sentira, aquele momento suspenso no ar como uma flor, o estranho silêncio, sim, te lembras!

E depois as coisas banais em que a vida nos tornou, os caminhos complicados que cada um teve de fazer pela vida. Mas o pior não aconteceu. Nada, ninguém nos destruiu aquele momento, nem voz nem porta batendo, nem telefone; o momento foi acaso e loucura, mas dentro dele houve um instante de serenidade pura e infinita beleza.

Ah, não me podes responder. Falo sozinho. Estás longe demais; e talvez tivesse de olhar duas vezes para reconhecer neste homem de cabelos brancos e de cara marcada pela vida aquele que fui um dia, o que te fez sofrer, e sofreu; mas quero que saibas que te vejo apenas como eras naquele momento, teu corpo ainda molhado do mar às duas horas da tarde; e milhares, milhões de relógios eternamente trabalhando contra nós nos bolsos, nos pulsos, nas paredes, todos cessaram de se mover porque naquele momento eras bela e pura como uma deusa e eras minha eternamente; eternamente. Naquele edifício daquela rua, naquele apartamento, entre aquelas paredes e aquele feixe de sol, eternamente. Além das nuvens, além dos mares, eternamente, às duas horas da tarde de domingo, eternamente.

Setembro, 1957

43
Apareceu um canário

Mulher, às vezes aparece alguma; vêm por desfastio ou imaginação, essas voluntárias; não voltam muitas vezes. Assusta-as, talvez, o ar tranquilo com que as recebo, e a modéstia da casa.

Passarinho, desisti de ter. É verdade, eu havia desistido de ter passarinhos; distribuí-os pelos amigos; o último a partir foi o corrupião *Pirapora*, hoje em casa do escultor Pedrosa. Continuo a jogar, no telhado de minha água-furtada, pedaços de miolo de pão. Isso atrai os pardais; não gosto especialmente de pardais, mas também não gosto de miolo de pão. Uma vez ou outra aparecem alguns tico-ticos; nas tardes quentes, quando ameaça chuva, há um cruzar de andorinhas no ar, em voos rasantes sobre o telhado do vizinho. Vem também, às vezes, um casal de sanhaços; ainda esta manhã, às cinco e quinze, ouvi canto de sanhaço lá fora; frequentam ou uma certa antena de televisão (sempre a mesma) ou o pinheiro-do-paraná que sobe, vertical, até minha varanda. Fora disso, há, como em toda parte, bem-te-vis; passam gaivotas, mais raramente urubus. Quando me lembro, mando a empregada comprar quirera de milho para as rolinhas andejas.

Mas a verdade é que um homem, para ser solteiro, não deve ter nem passarinho em casa; o melhor de ser solteiro é ter sossego quando se viaja; viajar pensando que ninguém vai enganar a gente nem também sofrer por causa da gente; viajar com o corpo e a alma, o coração tranquilo.

Pois nesse dia eu ia mesmo viajar para Belo Horizonte; tinha acabado de arrumar a mala, estava assobiando distraído, vi um passarinho pousar no telhado. Pela cor não podia ser nenhum freguês habitual; fui devagarinho espiar. Era um canário; não um desses canarinhos-da-terra que uma vez ou outra ainda aparece um, muito raro, extraviado, mas um canário estrangeiro, um *roller*, desses nascidos e criados em gaiola. Senti meu coração bater quase com tanta força como se me tivesse aparecido uma dama loura no telhado. Chamei a empregada: "Vá depressa comprar uma gaiola, e alpiste..."

Quando a empregada voltou, o canarinho já estava dentro da sala; ele e eu, com janelas e portas fechadas. Se quiserem que explique o que fiz para que ele entrasse eu não saberei. Joguei pedacinhos de miolo de pão na varanda; assobiei para dentro; aproximei-me do telhado bem devagarinho, longe do ponto em que ele estava, murmurei muito baixo: "Entra, canarinho..." Pus um pires com água ali perto. Que foi que o atraiu? Sei apenas que ele entrou; suponho que tenha ficado impressionado com meus bons modos e com a doçura de meu olhar.

Dentro da sala fechada (fazia calor, estava chegando a hora de eu ir para o aeroporto) ficamos esperando a empregada com a gaiola e o alpiste. O que fiz para que ele entrasse na gaiola também não sei; andou pousado na cabeça de Baby, a finlandesa (terracota de Ceschiatti); fiquei completamente imóvel, imaginando – quem sabe, a esta hora, em Paris ou onde andar, a linda Baby é capaz de ter tido uma ideia engraçada, por exemplo: "Se um passarinho pousasse em minha cabeça..."

Depois desceu para a estante, voou para cima do bar. Consegui colocar a gaiola (com a portinha aberta, presa por um barbante) bem perto dele, sem que ele o notasse; andei de quatro, rastejei, estalei os dedos, assobiei – venci. Quando telefonei para o táxi ele já tinha bebido água e comido alpiste, e estava tomando banho. Dias depois, quando voltei de Minas, ele estava cantando que era uma beleza.

Está cantando neste momento. Por um anel de chumbo que tem preso à pata já o identifiquei, telefonando para a Associação dos Criadores de Rollers; nasceu em 1959 e seu dono mudou-se para Brasília. Naturalmente deixou-o de presente para algum amigo, que não soube tomar conta dele. (Seria o milionário assassinado da Toneleros? Um dos assaltantes carregou dois canários e depois os soltou, com medo.)

Está cantando agora mesmo; como canta macio, melodioso, variado, bonito... Agora para de cantar e fica batendo as asas de um modo um pouco estranho. Telefono para um amigo que já criou *rollers*, pergunto o que isso quer dizer. "Ele está querendo casar, homem: é a primavera..."

Casar! O verbo me espanta. Tão gracioso, tão pequenininho, e já com essas ideias!

Abano a cabeça com melancolia; acho que vou dar esse passarinho à minha irmã, de presente. É pena, eu já estava começando a gostar dele; mas quero manter nesta casa um ambiente solteiro e austero; e se for abrir exceção para uma canarinha, estarei criando um precedente perigoso. Com essas coisas não se brinca. Adeus, canarinho.

Maio, 1960

44
Impotência

Foi na última chuvarada do ano, e a noite era preta. O homem só estava em casa; chegara tarde, exausto e molhado, depois de uma viagem de ônibus mortificante, e comera, sem prazer, uma comida fria. Vestiu o pijama e ligou o rádio, mas o rádio estava ruim, roncando e estalando. "Há dois meses estou querendo mandar consertar esse rádio", pensou ele com tédio. E pensou ainda que há muitos meses, há muitos anos, estava com muita coisa para consertar, desde os dentes até a torneira da cozinha, desde seu horário no serviço até aquele caso sentimental em Botafogo. E quando começou a dormir e ouviu que batiam na porta, acordou assustado, achando que era o dentista, o homem do rádio, o caixa da firma, o irmão de Honorina ou um vago fiscal geral dos problemas da vida que lhe vinha tomar contas.

A princípio não reconheceu a negra velha Joaquina Maria, miúda, molhada, os braços magros luzindo, a cara aflita. Ela dizia coisas que ele não entendia; mandou que entrasse. Há dois meses a velha lavava sua roupa, e tudo o que sabia a seu respeito é que morava em algum barraco, em um morro perto da Lagoa, e era doente. Sua história foi saindo aos poucos. O temporal derrubara o barraco, e seu netinho, de 8 anos, estava sob os escombros. Precisava de ajuda imediata, se lembrara dele.

 – O menino está... morto?

Ouviu a resposta afirmativa com o suspiro de alívio. O que ela queria é que ele telefonasse para a polícia, chamasse ambulância ou rabecão, desse um jeito para o menino não passar a noite entre os escombros, na enxurrada, ou arranjasse um automóvel e alguém para retirar o corpinho. Mas o telefone não dava sinal; enguiçara. E quando meteu uma capa de gabardine e um chapéu e desceu a escada viu que tudo enguiçara, os bondes, os ônibus, a cidade, todo esse conjunto de ferro, asfalto, fios e pedras que faz uma cidade, tudo estava paralisado, como um grande monstro débil.

– E os pais dele?

A velha disse que a mãe estava trabalhando em Niterói.

– E o pai?

Na mesma hora sentiu que fizera uma pergunta ociosa: devia ser um personagem vago e impreciso, negro e perdido na noite e no tempo, o pai daquele pretinho morto. Ia atravessando a rua com a velha; subitamente, como a chuva estivesse forte, e ela tossisse, mandou que ela voltasse e esperasse na entrada da casa. Tentou fazer parar quatro ou cinco automóveis; apenas conseguiu receber na perna jatos de lama. Entrou, curvando-se, em um botequim sórdido que era o único lugar aberto em toda a rua, mas já estava com a porta de ferro a meia altura. Não tinha telefone. Contou a história ao português do balcão, deu explicações ao garçom e a um freguês mulato que queria saber qual era o nome do morro – e de repente sentiu que estava fazendo uma coisa inútil e ridícula, em contar aquela história sem nenhum objetivo. Bebeu uma cachaça, saiu para a rua, sob a chuva intensa, andou até a segunda esquina, atravessou a avenida, voltou, olhando vagamente dois bondes paralisados, um ônibus quebrado, os raros carros que passavam, luzidios e egoístas na noite negra. Sentiu uma alegria vingativa pensando que mais adiante, como certamente já acontecera antes, eles ficariam paralisados, no engarrafamento enervante do trânsito. Uma ruazinha que descia à esquerda era uma torrente de água enlameada. Mesmo que encontrasse algum telefone funcionando, sabia que não conseguiria àquela hora qualquer ajuda da polícia, nem da assistência, nem dos bombeiros; havia desgraças em toda a cidade, bairros inteiros sem comunicação, perdidos debaixo da chuva. Meteu o pé até acima dos tornozelos numa poça d'água. Encontrou a velha chorando baixinho.

– Dona...

Ela ergueu os olhos para ele, fixou-o numa pergunta aflitiva, como se ele fosse o responsável pela cidade, pelo mundo, pela organização inteira do mundo dos brancos. Disse à velha, secamente, que tinha arrumado tudo para "amanhã de manhã". Ela ainda o olhou com um ar desamparado – mas logo partiu na noite escura, sob a chuva, chorando, chorando.

Agosto, 1952

45
Um sonho de simplicidade

Então, de repente, no meio dessa desarrumação feroz da vida urbana, dá na gente um sonho de simplicidade. Será um sonho vão? Detenho-me um instante, entre duas providências a tomar, para me fazer essa pergunta. Por que fumar tantos cigarros? Eles não me dão prazer algum; apenas me fazem falta. São uma necessidade que inventei. Por que beber uísque, por que procurar a voz de mulher na penumbra ou os amigos no bar para dizer coisas vãs, brilhar um pouco, saber intrigas?

Uma vez, entrando numa loja para comprar uma gravata, tive de repente um ataque de pudor, me surpreendendo assim, a escolher um pano colorido para amarrar ao pescoço.

A vida bem poderia ser mais simples. Precisamos de uma casa, comida, uma simples mulher, que mais? Que se possa andar limpo e não ter fome, nem sede, nem frio. Para que beber tanta coisa gelada? Antes eu tomava a água fresca da talha, e a água era boa. E quando precisava de um pouco de evasão, meu trago de cachaça.

Que restaurante ou boate me deu o prazer que tive na choupana daquele velho caboclo do Acre? A gente tinha ido pescar no rio, de noite. Puxamos a rede afundando os pés na lama, na noite escura, e isso era bom. Quando ficamos bem cansados, meio molhados, com frio, subimos a barranca, no meio do mato, e chegamos à choça de um velho seringueiro.

Ele acendeu um fogo, esquentamos um pouco junto do fogo, depois me deitei numa grande rede branca – foi um carinho ao longo de todos os músculos cansados. E então ele me deu um pedaço de peixe moqueado e meia caneca de cachaça. Que prazer em comer aquele peixe, que calor bom em tomar aquela cachaça e ficar algum tempo a conversar, entre grilos e vozes distantes de animais noturnos.

Seria possível deixar essa eterna inquietação das madrugadas urbanas, inaugurar de repente uma vida de acordar bem cedo? Outro dia vi uma linda mulher, e senti um entusiasmo grande, uma vontade de conhecer mais aquela bela estrangeira: conversamos muito, essa primeira conversa longa em que a gente vai jogando um baralho meio marcado, e anda devagar, como a patrulha que faz um reconhecimento. Mas por quê, para quê, essa eterna curiosidade, essa fome de outros corpos e outras almas?

Mas para instaurar uma vida mais simples e sábia, então seria preciso ganhar a vida de outro jeito, não assim, nesse comércio de pequenas pilhas de palavras, esse ofício absurdo e vão de dizer coisas, dizer coisas... Seria preciso fazer algo de sólido e de singelo; tirar areia do rio, cortar lenha, lavrar a terra, algo de útil e concreto, que me fatigasse o corpo, mas deixasse a alma sossegada e limpa.

Todo mundo, com certeza, tem de repente um sonho assim. É apenas um instante. O telefone toca. Um momento! Tiramos um lápis do bolso para tomar nota de um nome, um número... Para que tomar nota? Não precisamos tomar nota de nada, precisamos apenas viver – sem nome, nem número, fortes, doces, distraídos, bons, como os bois, as mangueiras e o ribeirão.

Março, 1953

46
Força de vontade

Refugou o copo de vinho que eu lhe oferecia; depois também não quis aceitar um cigarro. Não bebia, não fumava, não tinha nenhum vício. Tinha uma cara gorda e mole de padre, e falava com precisão sobre o custo da vida em São Paulo.

Contou-me por exemplo que seu pai, homem de 80 anos (que se lembra muito bem do tempo em que centenas de burros enchiam o Largo do Arouche), seu pai, que mora na Quarta Parada, vai toda semana comprar carne em Mogi das Cruzes, onde é mais barata e mais bem servida. "Lá em casa comemos muito boa carne, todo dia" – disse ele com certa ênfase.

Não, não era casado – morava com os pais, que sustentava com seu trabalho. "Aliás", me disse subitamente, com um brilho nos olhos e as mãos trêmulas como quem toma coragem para fazer uma confissão sensacional, "aliás este foi o primeiro ideal que me propus a realizar na vida. E realizei. Agora estou realizando o último dos meus três ideais."

Fiquei um instante indeciso, com medo de fazer perguntas. Nada, na figura daquele comerciante, faria à primeira vista supor que tivesse ideais, nem faria suspeitar aquela tensão com que subitamente começou a me falar. Eu me sentava por acaso ao seu lado na mesa daquele hotel em Foz do Iguaçu.

"Visitar pelo menos um país estrangeiro. Por isto vim nesta excursão. Hoje pela manhã já cumpri o que prometera a mim mesmo: fui ao Paraguai. Agora, depois do almoço, vou à Argentina. O outro ideal que me propus e também já cumpri era ter um diploma."

Não lhe perguntei que diploma tinha, e agora me lembro que, desgraçadamente, me esqueci de reparar se havia algum anel de grau em seu dedo. Mas suponho que seja de Direito, pois quem quer ter um diploma e não faz muita questão de qual seja ele, desde que seja um diploma, acaba sendo bacharel em Direito.

"Há pouco tempo recusei uma boa posição em uma grande companhia para não me mudar para o Rio." Achei polido concordar com ele em que viver em São Paulo, sob certo ponto de vista, é na verdade mais interessante. "Não sei", disse ele. "Eu não podia ir para o Rio. Eu não conheço o Rio. Agora, sim, posso ir conhecer o Rio." E então me explicou que seu sistema era este: para cumprir cada um de seus três ideais pusera ele mesmo um obstáculo diante de cada um. Como tinha desde criança muita vontade de ir ao Rio, resolvera não o fazer enquanto não cumprisse seu ideal número 3 – isto é, enquanto não visitasse pelo menos um país estrangeiro. O mesmo fizera em relação aos outros dois ideais. Por um momento tive a impressão de que ia me contar qual tinha sido a promessa que fizera em relação aos outros dois ideais – mas creio que ele achou que já se abrira demasiado comigo. Talvez o desanimasse minha cara meio sonolenta depois do vinho tinto do almoço, naquele dia quente.

Pouco depois ele seguiu, com o grupo de turistas de que fazia parte, para visitar as quedas e ir ao lado argentino. Só o vi depois do jantar e, como eu estava bem disposto, me aproximei dele. Eu estava em uma roda em que se bebia alegremente uma boa *coña* paraguaia e insisti para que viesse tomar um cálice: "Afinal você deve estar contente hoje, precisa comemorar. Você realizou o terceiro e último ideal de sua vida – e em duplicata: visitou dois países estrangeiros!"

Embora ele recusasse o convite, sentei-me um momento ao seu lado. "Sim", disse ele, "eu provei minha força de vontade: realizei tudo o que prometera a mim mesmo um dia. E foi duro – tive de passar muitas necessidades e me esforçar muito. Quando eu era rapazinho eu não tinha força de vontade – mas hoje tenho a prova de que qualquer homem pode ter muita força de vontade – é uma coisa formidável."

Voltei para a roda onde se bebia e se contavam anedotas. Logo depois resolvemos todos sair para dar uma volta de automóvel. Convidei o homem da força de vontade – havia um lugar no carro. Ele não aceitou. Ficou ali no saguão do hotel – e quando voltei para apanhar minha lanterna que esquecera, surpreendi a expressão de seu rosto: estava sério, triste e ao mesmo tempo com um ar tão aparvalhado e tão vazio como um homem que não tivesse mais coisa alguma a fazer na vida, e acabasse de descobrir isso.

Foz do Iguaçu, março, 1951

47
Os pobres homens ricos

Um amigo meu estava ofendido porque um jornal o chamou de boa-vida. Vejam que país, que tempo, que situação! A vida deveria ser boa para toda gente; o que é insultuoso é que ela o seja apenas para alguns.

"Dinheiro é a coisa mais importante do mundo." Quem escreveu isso não foi nenhum de nossos estimados agiotas. Foi um homem que a vida inteira viveu de seu trabalho, e se chamava Bernard Shaw. Não era um cínico, mas um homem de vigorosa fé social, que passou a vida lutando, a seu modo, para tornar melhor a sociedade em que vivia – e em certa medida o conseguiu. Ele nos fala de alguns homens ricos:

"Homens ricos ou aristocratas com um desenvolvido senso de vida – homens como Ruskin, William Morris, Kropotkin – têm enormes apetites sociais... não se contentam com belas casas, querem belas cidades... não se contentam com esposas cheias de diamantes e filhas em flor; queixam-se porque a operária está malvestida, a lavadeira cheira a gim, a costureira é anêmica, e porque todo homem que encontra não é um amigo e toda mulher não é um romance... sofrem com a arquitetura da casa do vizinho..."

Esse "apetite social" é raríssimo entre os nossos homens ricos; a não ser que "social" seja tomado no sentido de "mundano". E nossos homens de governo têm uma pasmosa desambição de governar.

Vi, há tempos, um conhecido meu, que se tornou muito rico, sofrer horrorosamente na hora de comprar um quadro. Achava o quadro uma beleza, mas como o pintor pedia tantos contos, ele se perguntava, e me perguntava, e perguntava a todo mundo se o quadro "valia" mesmo aquilo, se o artista não estaria pedindo aquele preço por sabê-lo rico, se não seria "mais negócio" comprar um quadro de fulano. Fiquei com pena dele, embora saiba que numa noite de jantar e boate ele gaste tranquilamente aquela importância, sem que isso lhe dê nenhum prazer especial. Fiquei com pena porque realmente ele gostava do quadro, queria tê-lo, mas o prazer que poderia ter obtendo uma coisa ambicionada era estragado pela preocupação do negócio. Se não fosse pelo pintor, que precisava de dinheiro, eu o aconselharia a não comprar.

Homens públicos sem sentimento público, homens ricos que são, no fundo, pobres-diabos – que não descobriram que a grande vantagem real de ter dinheiro é não ter que pensar, a todo momento, em dinheiro...

Maio, 1961

48
Pessoas que acontecem

Uma vez contei a história de um mito que nós, famélicos estudantes moradores de uma pensão do Catete, nos anos 1930, criamos para zombar uns dos outros. Se, por exemplo, Rui atendia o telefone e era para o Miguel, e o Miguel lá de cima perguntava quem é que queria falar com ele, Rui respondia sério: "É um sujeito que lhe quer dar 500 mil-réis..."

A graça verdadeira da história é que um dia me chamaram ao telefone. Era um amigo velho de Cachoeiro, o Antônio Olinto Gonçalves:

– Rubem, como vai? Há quanto tempo a gente não se vê! Como vai de saúde? E de dinheiro? Hem? Bem, acontece o seguinte: entrei agora nuns dinheiros e queria saber se você não estava precisando assim de uns 500 mil-réis...

Não era trote. Vinte minutos depois ele passava pela pensão, e, na frente de três ou quatro colegas por mim convocados para solenizar o ato, me entregava uma grande nota de 500 mil-réis, naquele tempo conhecida como "tapete d'alma". O "homem dos 500 mil-réis" existia mesmo.

Não estranho muito quando sei que um sujeito a quem jamais fiz nenhum mal está fazendo força contra mim em algum setor. Não me acho simpático, e suponho que, se eu conhecesse outro sujeito igual a mim, nossas relações nunca chegariam a ser grande coisa.

O que me espanta na vida é a aparição súbita da Providência Divina disfarçada em uma pessoa qualquer. Podia fazer uma lista dessas pessoas, mas prefiro citar apenas um caso.

Uma vez, em Cachoeiro, João Madureira e eu, ainda rapazolas, saímos a passarinhar. Creio que ele levava um pio de inhambu ou de macuco. Eu levava apenas minha espingarda; sou homem de ouvido ruim, tanto que contam que uma vez que piei um macuco, meia hora depois apareceu o "soberbo galináceo" (é assim que se diz no disco de vozes de aves do Brasil feito pela família Coelho, fabricante de pios de caça na ilha da Luz, e que vocês não encontram em nenhuma casa de discos, mas em casas de armas) e quando eu levava a arma à cara o macuco levantou uma pata e disse: "Não atire não, moço, eu só vim ver quem é que estava piando macuco tão mal."

Bem; eu e João subimos por uma capoeira, atravessamos um roçado, contornamos um brejo, entramos na mata, andamos, andamos, e a horas tantas começou a escurecer e a chover. Escureceu e choveu tanto que ficamos molhados e sem rumo; tocamos por um caminho qualquer até ver, como nas histórias antigas, uma luzinha lá longe.

Nenhum de nós dois conhecia o dono da fazenda: era o senhor Oscar, irmão do finado governador do Espírito Santo, Nestor Gomes. Ele nos deu jantar, cama para dormir, roupa seca, e ainda despachou um camarada a cavalo para ir até uma estação próxima pedir para avisarem a nossas famílias em Cachoeiro que nós íamos dormir lá na Cachoeirinha.

EM 1935 HOUVE UM DIA que fiquei desarvorado e sem saber onde dormir. Meus amigos mais íntimos estavam presos, e eu escapara por muito pouco, dormindo cada noite em um lugar diferente.

A certa altura procurei pouso por uma noite em uma casa de Vila Isabel, mas a família, assustada, me negou abrigo.

Com minha maleta na mão entrei em um café do bulevar e telefonei para um amigo perguntando se ele tinha alguma ideia. Ele pediu o número do telefone do café em que eu estava, e dali a dez minutos ligou para mim. Disse que tinha telefonado a um amigo que morava no Grajaú; era um senhor protestante que não se metia em política, mas homem de excelente coração, que estava disposto a correr o risco de me esconder em sua casa até que eu arranjasse outro rumo.

Tomei um táxi e fui para essa casa no Grajaú, onde passei alguns dias, fiquei doente, fiz uma pequena operação e fui cuidado com o maior carinho pelo dono da casa, sua senhora e duas filhas mocinhas. O dono da casa era o mesmo dono da fazenda da Cachoeirinha.

Julho, 1963

49
Meu ideal seria escrever...

Meu ideal seria escrever uma história tão engraçada que aquela moça que está doente naquela casa cinzenta quando lesse minha história no jornal risse, risse tanto que chegasse a chorar e dissesse – "ai meu Deus, que história mais engraçada!" e então a contasse para a cozinheira e telefonasse para duas ou três amigas para contar a história; e todos a quem ela contasse rissem muito e ficassem alegremente espantados de vê-la tão alegre. Ah, que minha história fosse como um raio de sol, irresistivelmente louro, quente, vivo, em sua vida de moça reclusa, enlutada, doente. Que ela mesma ficasse admirada ouvindo o próprio riso, e depois repetisse para si própria – "mas essa história é mesmo muito engraçada!"

Que um casal que estivesse em casa mal-humorado, o marido bastante aborrecido com a mulher, a mulher bastante irritada com o marido, que esse casal também fosse atingido pela minha história. O marido a leria e começaria a rir, o que aumentaria a irritação da mulher. Mas depois que esta, apesar de sua má vontade, tomasse conhecimento da história, ela também risse muito, e ficassem os dois rindo sem poder olhar um para o outro sem rir mais; e que um, ouvindo aquele riso do outro, se lembrasse do alegre tempo de namoro, e reencontrassem os dois a alegria perdida de estarem juntos.

Que nas cadeias, nos hospitais, em todas as salas de espera a minha história chegasse – e tão fascinante de graça, tão irresistível, tão colorida e tão pura que todos limpassem seu coração com lágrimas de alegria; que o comissário do distrito, depois de ler minha história, mandasse soltar aqueles bêbados e também aquelas pobres mulheres colhidas na calçada e lhes dissesse – "Por favor, se comportem, que diabo! eu não gosto de prender ninguém!" E que assim todos tratassem melhor seus empregados, seus dependentes e seus semelhantes em alegre e espontânea homenagem à minha história.

E que ela aos poucos se espalhasse pelo mundo e fosse contada de mil maneiras, e fosse atribuída a um persa, na Nigéria, a um australiano, em Dublin, a um japonês, em Chicago – mas que em todas as línguas ela guardasse a sua frescura, a sua pureza, o seu encanto surpreendente; e que no fundo de uma aldeia da China, um chinês muito pobre, muito sábio e muito velho dissesse: "Nunca ouvi uma história assim tão engraçada e tão boa em toda a minha vida; valeu a pena ter vivido até hoje para ouvi-la; essa história não pode ter sido inventada por nenhum homem, foi com certeza algum anjo tagarela que a contou aos ouvidos de um santo que dormia, e que ele pensou que já estivesse morto; sim, deve ser uma história do céu que se filtrou por acaso até nosso conhecimento; é divina."

E quando todos me perguntassem – "mas de onde é que você tirou essa história?" – eu responderia que ela não é minha, que eu a ouvi por acaso na rua, de um desconhecido que a contava a outro desconhecido, e que por sinal começara a contar assim: "Ontem ouvi um sujeito contar uma história..."

E eu esconderia completamente a humilde verdade: que eu inventei toda a minha história em um só segundo, quando pensei na tristeza daquela moça que está doente, que sempre está doente e sempre está de luto e sozinha naquela pequena casa cinzenta de meu bairro.

Julho, 1957

50
Os sons de antigamente

Conta-se na família que, quando meu pai comprou a nossa casa de Cachoeiro, esse relógio já estava na parede da sala; e que o vendedor o deixou lá, porque naquele tempo não ficava bem levar.

(Hoje, meu Deus, carregam até uma lâmpada de 60 velas, até o bocal da lâmpada, e deixam aquele fio solto no ar.)

Há poucos anos trouxe o relógio para minha casa de Ipanema. Mais velho do que eu, não é de admirar que ele tresande um pouco. Há uma corda para fazer andar os ponteiros, outra para fazer bater as horas. A primeira é forte, e faz o relógio se adiantar: de vez em quando alguém me chama a atenção, dizendo que o relógio está adiantado quinze ou vinte minutos, e eu digo que é a hora de Cachoeiro. Em matéria de som, vamos muito mais adiante. É comum o relógio marcar, digamos, duas e meia, e bater solenemente nove horas. “Esse relógio não diz coisa com coisa”, comenta um amigo severo. Explico que é uma pequena disfunção audiovisual.

Na verdade essa defasagem não me aborrece nada; há muito desanimei de querer as coisas deste mundo todas certinhas, e prefiro deixar que o velho relógio badale a seu belprazer. Sua batida é suave, como costuma ser a desses Ansonias antigos; e esse som me carrega para as noites mais antigas da infância. Às vezes tenho a ilusão de ouvir, no fundo, o murmúrio distante e querido do Itapemirim.

Que outros sons me chegam da infância? Um cacarejar sonolento de galinhas numa tarde de verão, um canto de cambaxirra, o ranger e o baque de uma porteira na fazenda, um tropel de cavalos que vinha vindo e depois ia indo no fundo da noite. E o som distante dos bailes do Centro Operário, com um trombone de vara ou um pistom perdidos na madrugada.

Sim, sou um amante da música, ainda que desprezado e infeliz. Sou desafinado, desentoado, um amigo diz que tenho orelha de pau. Outro dia fiquei perplexo ouvindo uma discussão de jovens sobre um som que eu achava perfeito e eles acusavam de *flutter*, *wow*, *rumble*, *hiss* e outros males estranhos.

Meu amigo Mario Cabral dizia que queria morrer ouvindo *Jesus, Alegria dos Homens*; nunca soube se lhe fizeram a vontade. A mim, um lento ranger de porteira e seu baque final, como na fazenda do Frade, já me bastam. Ou então a batida desse velho relógio, que marcou a morte de meu pai e, 20 anos depois, a de minha mãe; e que eu morra às quatro e quarenta da manhã, com ele marcando cinco e batendo onze, não faz mal; até é capaz de me cair bem.

Abril, 1977

fim

ATENDIMENTO AO LEITOR E VENDAS DIRETAS

Você pode adquirir os títulos da BestBolso através do Marketing Direto do Grupo Editorial Record.

- Telefone: (21) 2585-2002
  (de segunda a sexta-feira, das 8h30 às 18h)
- E-mail: mdireto@record.com.br
- Fax: (21) 2585-2010

Entre em contato conosco caso tenha alguma dúvida, precise de informações ou queira se cadastrar para receber nossos informativos de lançamentos e promoções.

Nossos sites:
www.edicoesbestbolso.com.br
www.record.com.br

EDIÇÕES BESTBOLSO

Alguns títulos publicados

1. *As melhores crônicas*, Fernando Sabino
2. *Os melhores contos*, Fernando Sabino
3. *Baudolino*, Umberto Eco
4. *O pêndulo de Foucault*, Umberto Eco
5. *À sombra do olmo*, Anatole France
6. *O manequim de vime*, Anatole France
7. *O poderoso chefão*, Mario Puzo
8. *O último chefão*, Mario Puzo
9. *Perdas & ganhos*, Lya Luft
10. *Educar sem culpa*, Tania Zagury
11. *O livreiro de Cabul*, Åsne Seierstad
12. *O lobo da estepe*, Hermann Hesse
13. *O jogo das contas de vidro*, Hermann Hesse
14. *A condição humana*, André Malraux
15. *Sacco & Vanzetti*, Howard Fast
16. *Spartacus*, Howard Fast
17. *Os relógios*, Agatha Christie
18. *O caso do Hotel Bertram*, Agatha Christie
19. *Riacho doce*, José Lins do Rego
20. *Pedro Páramo*, Juan Rulfo
21. *Essa terra*, Antônio Torres
22. *Mensagem*, Fernando Pessoa
23. *As vinhas da ira*, John Steinbeck
24. *A pérola*, John Steinbeck
25. *O cão de terracota*, Andrea Camilleri
26. *Ayla, a filha das cavernas*, Jean M. Auel
27. *O vale dos cavalos*, Jean M. Auel
28. *O perfume*, Patrick Süskind
29. *O caso das rosas fatais*, Mary Higgins Clark
30. *Enquanto minha querida dorme*, Mary Higgins Clark

EDIÇÕES
BestBolso

Este livro foi composto na tipologia Minion, em corpo 10,5/13, e impresso em papel off-set 56g/m² no Sistema Cameron da Divisão Gráfica da Distribuidora Record.